· DICTIONNAIRE

DES

ANOBLISSEMENTS

CONTENANT

l'Indication des Anoblissements,
Maintenues de Noblesse, Concessions, Collations
de titres, etc., accordés par les Rois de France, avec les
dates d'enregistrement sur les Registres du Parlement de Paris
et sur ceux de la Chambre des Comptes et de la Cour des Aides

1270 - 1790

PAR

H. GOURDON DE GENOUILLAC

CHEVALIER DES ORDRES DU CHRIST ET DES SS. MAURICE ET LAZARE,

Précédé d'une étude sur

LES NOMS PROPRES

PAR

LE COMTE HALLEZ-CLAPARÈDE, DÉPUTÉ,

DEUXIÈME PARTIE

PARIS

LIBRAIRIE BACHELIN-DEFLORENNE

3, QUAI MALAQUAIS, 3.

—

1869

DICTIONNAIRE

DES

ANOBLISSEMENTS

DU XIIIᵉ AU XVIIIᵉ SIÈCLE

(INCLUSIVEMENT)

L

LA BASOCHE. L. P. p. don de la seigneurie de la Basoche, à Thomas,
écuyer écossais. — Amboise, juin
1470; P. 28 janvier 1474.

LABAUCHE. L. P. p. anob. de Louis
Labauche. — Versailles, avril 1769;
P. 10 mai même année.

LABBE. L. P. p. anob. de Guillaume
Labbé, sieur de la Roddière, de Normandie, moyennant 500 livres. — 3
juin 1523; expédiées le 26 juillet même
année.

LABBE. L. P. p. anob. de Raoul Labbé.
— 1552. Fol. 167.

LABORDERIE (de). L. P. p. anob. de
Pierre de Laborderie. — Versailles,
juillet 1780; P. 28 décembre même
année.

LA CLOCHE DE MONT SAINT-
REMY. L. P. p. anob. du sieur La
Cloche de Mont Saint-Remy. — Ver-
sailles, mai 1743; P. 4 janvier 1744.

LA COLOMBE. L. P. p. anob. de Gérard La Colomb., de Saint-Flour, et
de sa postérité. — 1393.

LA CORTE. L. P. p. anob. de Bernard La Corte. — 1389.

LA COSTE. L. P. p. anob. de Pierre La
Coste, de Florette, sa femme, et de leur
postérité. — 1366. Fol. 48.

LA COSTE. L. P. p. anob. de Denis La
Coste, sieur d'Aigrefin. — Versailles,
février 1702; P. 20 décembre même
année.

LAFONTAINE. L. P. p. anob. de Jean
Lafontaine, bourgeois de Paris. — 8

mai 1557; expédiées et enregistrées le 6 novembre même année. C. des A.

LA GAILLARDE. L. P. p. anob. de Marguerite La Gaillarde, veuve, de Blois. — 1384. Fol. 210.

LAGLIER. L. P. p. anob. de Laurent Laglier, sieur du Coudray. — 1595.

LAGOUGE. L. P. p. anob. de Pierre La Gouge, fourrier de la reine. — 13 janvier 1501; expédiées le 17 septembre suivant.

LAIGNEL. L. P. p. anob. de Guillaume Laignel. — 1375. Fol. 140.

LAILLER (de). L. P. p. anob. de Raymond de Lailler, de Catherine, sa femme, et de ses enfants. — 1373. Fol. 114.

LAILLIER. L. P. p. anob. de Richard Laillier, de la ville d'Angers, moyennant 100 florins d'or. — 17 août 1376; expédiées le 29 novembre même année.

LAINE. L. P. p. anob. de Jean et Étienne Lainé. — 1496. Fol. 46.

LAISTOTTE (de). L. P. p. anob. de Jean de Laistotte. — Paris, juillet 1721; P. 5 juin 1722.

LALANDE (de). — *Voir* DELALANDE.

LALBIGEOIS. L. P. p. anob. de Jacques Lalbigeois, et de sa postérité. — 1407.

LALLEMANT. L. P. p. confirmation de noblesse de Jean Lallemant, sieur de la Grange de Vaux. — 18 juin 1611; enregistrées et homologuées le 29 janvier 1615. C. des A.

LALLEMANT. L. P. p. érection du vicomté de Levigrieu en comté, en faveur de Charles-Louis Lallemant. — Versailles, décembre 1723; P. 30 mars 1724.

LALLEMANT DE NANTOUILLET. L. P. p. union de la justice et terre de Puiseux à celle de Marly-la-Ville, et continuation et renouvellement du titre de comté, sous le nom de Marly, en faveur d'Ét.-Ch.-Félix Lallemant de Nantouillet. — Versailles, mai 1762; P. 31 décembre même année.

LAMAJORE. L. P. p. anob. de Gérard Lamajore. — 1350. Fol. 10.

LAMANVILLE (de). — *Voir* BRETEL.

LAMARCHE. L. P. p. anob. de Jean Lamarche, dit le Capitaine. — 1611.

LAMARRE (de). L. P. p. mandement pour l'enregistrement de celles du mois de décembre 1733, portant naturalisation à Alexandre de Lamarre, comte de Vintimille, natif du comté de Nice. — Versailles, 1er février 1736.

LAMBAULT. L. P. p. anob. de Richard Lambault, de sa femme et de sa postérité. — 1377.

LAMBERT. L. P. p. anob. de Charles Lambert, sieur de la Chapelle, de Lisieux. — 6 décembre 1643; expédiées le 4 avril 1646.

LAMBERT. L. P. p. anob. de Pierre Lambert, de Normandie, moyennant 400 livres. — 16 mars 1670; expédiées le 18 novembre même année.

LAMBERT. L. P. p. anob. de Jacques Lambert, sieur de Cambray. — Versailles, août 1700; P. 9 décembre même année.

LAMBERT. L. P. p. anob. du sieur Lambert. — Versailles, mars 1784; P. 5 mai 1784.

LAMBOUC. L. P. p. anob. d'Aubert Lambouc, de sa femme et de ses enfants. — 1403.

LAMOIGNON DE BASVILLE (de). L. P. p. union de plusieurs terres à celle de Basville, et érection d'icelles en marquisat, en faveur de M. de Lamoignon. — Paris, décembre 1670; P. 8 janvier 1671. — L. P. p. union des baronnie de Sainction et châtellenie de Boissy au marquisat de Basville, en faveur du sieur de Lamoignon. — Camp devant Valenciennes, mars 1677; P. 30 mars même année. — L. P. p. union de la seigneurie de Vaugrigneuse au comté de Launay-Courson, en faveur du sieur de Lamoignon. — Condé, mai 1677; P. 15 juin même année.

LAMOIGNON DE BASVILLE. L. P. p. érection de la terre de la Motbe en marquisat, en faveur de M* Nicolas de Lamoignon de Basville. — Fontainebleau, octobre 1700; P. 31 août 1701.

LAMY. L. P. p. anob. de Laurent Lamy, secrétaire du roi, et de sa postérité. — 1392. Fol. 50.

LANDAIS. L. P. p. anob. de Guillaume Landais, valet de chambre du roi, de Guillemette, sa femme, et de leur postérité. — 1398. Fol. 89.

LANDAYE. L. P. p. anob. de Pierre-Paul Landaye. — 1673.

LANDE (de la). *Voir* DELALANDE.

LANDES (des). *Voir* DES LANDES.

LANDOUILLETTE. L. P. p. anob. de René Landouillette.—Versailles, mai 1690; P. 2 mars 1691.

LANDOUILLETTE. L. P. p. érection de la terre de Maule en marquisat, en faveur de René Landouillette. — Versailles, février 1707; P. 4 mars même année.

LANDRACS. L. P. p. anob. d'Alexandre Landracs, président de la cour souveraine des salines du Ponant. — 12 février 1652; expédiées le 22 novembre même année.

LANDRIN. L. P. p. anob. de Nicolas Landrin, de Lisieux. — 12 décembre 1671; expédiées le 28 mai 1672.

LANDRY. L. P. p. union des terres et justices de Soucy à celles de Fontenay-le-Bras, et érection d'icelles en châtellenie, en faveur du sieur Landry. — Versailles, novembre 1754; P. 29 novembre 1755.

LANGEOIS. L. P. p. anob. de Jacques Langeois, sieur d'Imbercourt.—Saint-Germain, février 1677; P. 28 mai même année.

LANGLOIS. L. P. p. anob. de Pierre Langlois. — 1387.

LANGLOIS. L. P. p. anob. de Jean Langlois et de sa postérité. — 1406. Fol. 165.

LANGLOIS. L. P. p. anob. de Guillaume Langlois. — 1466. Fol. 185.

LANGLOIS. L. P. p. anob. de Guillaume Langlois, d'Orléans.— 17 novembre 1468; expédiées le 6 avril 1469.

LANGLOIS. L. P. p. anob. de Pierre Langlois, de Gournay, moyennant 500 livres. — 6 novembre 1522; expédiées le 24 juillet 1653.

LANGLOIS. L. P. p. anob. de Philippe Langlois. — 1549. Fol. 66.

LANGLOIS. L. P. p. anob. de Jean Langlois, assesseur d'Avranches. — 12 août 1644; expédiées le 16 août même année.

LANGLOIS. L. P. p. anob. de Jacques Langlois, sieur de la Reberture, de Nantes, moyennant 1000 livres. — 6 janvier 1669; expédiées le 4 novembre même année.

LANGLOIS. L. P. p. anob. de Jean Langlois. — Saint-Germain, février 1678; P. 15 juillet 1679.

LANGLOIS. L. P. p. anob. de Claude Langlois. — Saint-Germain, janvier 1682; P. 12 mars même année.

LANGUEDOC DE RICHEHOMME. L. P. p. érection des terres et seigneuries d'Averton et autres, et érection d'icelles en comté sous le nom d'Averton, en faveur de Pierre-Marc-Antoine Languedoc de Richehomme. — Versailles, août 1743; P. 7 mars 1744.

LANGUEDOR. L. P. p. anob. de Pierre Languedor, sieur du Bois-le-Vicomte, conseiller et échevin de Rouen. — 9 avril 1648; expédiées le 17 août même année.

LANIER. L. P. p. érection de la châtellenie, terre et seigneurie de Saint-Jeime en baronnie, en faveur de François Lanier. — Paris, avril 1646; P. 26 juillet 1649.

LANNOY (de). L. P. p. anob. de Louis de Lannoy. — Versailles, mars 1673; P. 20 avril 1674.

LANTILLE. L. P. p. anob. de Pierre Lantille, de Montpellier, moyennant 50 écus d'or. — Le 9 mai 1370; expédiées le 12 décembre même année.

LANTIN. l. p. p. anob. de Pierre Lantin. — 1701.

LAPPE. l. p. p. anob. de Richard Lappe et de sa femme. — Janvier 1358.

LAPRÉE. l. p. p. anob. de François Laprée. — Marly, février 1696; P. 8 avril 1717.

LARCHER. l. p. p. anob. de Thomas Larcher, sieur de Launay. — 10 octobre 1643; expédiées le 4 novembre même année.

LARCHER. l. p. p. érection de la terre d'Eternay, près Sezanne, en marquisat en faveur du sieur Larcher. — Paris, août 1653; P. 12 janvier 1654.

LARDANNE. l. p. p. anob. d'Antoine Lardanne. — 1556. Fol. 171 et 173.

LARDENOIS DE VILLE. l. p. p. érection de la terre et seigneurie de Termes en baronnie, en faveur du sieur Lardenois de Ville. — Versailles, juillet 1770; P. 4 décembre 1772.

LARDY. l. p. p. anob. de Pierre Lardy. — 1594.

LARGE (le). Voir Le Large.

LARGIER. l. p. p. anob. d'Antoine Largier. — 1500. Fol. 231.

LASCARIS (de). l. p. p. naturalisation avec permission de tenir bénéfices à Alexandre de Lascaris des comtes de Vintimille, natif du comté de Nice. — Versailles, décembre 1733; P. 27 mars 1736.

LASCARIS DE VINTIMILLE. l. p. p. naturalisation à Charles-Théodore Lascaris de Vintimille, natif de Nice. — Versailles, octobre 1758; P. 18 mars 1762. — l. p. p. mandement pour l'enregistrement de celles du mois d'octobre 1758 portant naturalisation à Ch.-Th. Lascaris de Vintimille, natif de Nice. — Versailles, avril 1761; P. 18 mars 1762.

LASNE. l. p. p. anob. de Nicolas Lasne, médecin à Rennes. — 16 février 1654; expédiées le 26 novembre même année.

LASNE. l. p. p. anob. de Claude Lasne, frère du précédent. — 16 avril 1654; expédiées le 28 décembre même année.

LATTRE (de). l. p. p. confirmation de noblesse à Pierre-Antoine de Lattre. — Versailles, février 1698. P. 21 février 1699. — l. p. p. confirmation de noblesse à Pierre-Antoine de Lattre. — Versailles, 7 mars 1735; P. 17 août 1737.

LAUBÉPINE (de). l. p. p. anob. de Hugues de Laubépine, de libre condition. — 1437. Fol. 18.

LAUCERRE. l. p. p. anob. d'Adrien Laucerre, sieur de Rochefort, premier valet. — 1668.

LAUGOIS. l. p. p. anob. de Pierre Laugois. — Versailles, février 1764; P. 3 décembre 1765.

LAUJOL. l. p. p. anob. de Jean Laujol. — Paris, avril 1719; P. 13 juin même année.

LAULANHIER. l. p. p. maintenue de noblesse en faveur du sieur Laulanhier. — Versailles, février 1781; P. 3 avril même année.

LAUMALE (de). l. p. p. anob. de Louis de Laumale, sieur de Grandmoulin. — 1659.

LAUMONIER. l. p. p. anob. de Guillaume Laumonier, de Vire. — 14 octobre 1643; expédiées le 6 décembre 1645.

LAUNAY (de). l. p. p. anob. de Jacques de Launay, trésorier de France, et de sa postérité. — 1393.

LAUNAY (de). l. p. p. anob. de François de Launay, sieur de Pinchalt. — Versailles, avril 1701; P. 27 juillet même année.

LAUNAY DES LANDES (de). l. p. p. anob. de Pierre de Launay des Landes. — Compiègne, juillet 1773; P. 4 janvier 1774.

LAUNEY DE FRESNOY. l. p. p. anob. du sieur Launey de Fresnoy. — Versailles, juillet 1785; P. 5 septembre même année.

LAUNOY. L. P. p. anob. de Louis Launoy, huissier de la Chambre du roi, et de Pierre de Launoy. — 1676.

LAURAIRE (de). L. P. p. anob. de Vitalis de Lauraire.—1676.

LAURE. L. P. p. anob. de Jacques Laure et de ses enfants.—1364.

LAURENCIN (de). L. P. p. anob. de Pierre de Laurencin.— 1665.

LAURENS (du). L. P. p. provisions de bailli, vicomte de Châteauneuf, à Jacques du Laurens. — Paris, 19 février 1629; P. 5 février 1632.

LAURENT. L. P. p. anob. de Pierre-Charles Laurent.—Marly, septembre 1731; P. 11 février 1732.

LAURIAN. L. P. p. anob. d'Edme Laurian, sieur de Pierrepont. — 1676.

LAURICAN. L. P. p. anob. d'Etienne Laurican. — 1677.

LAURIERE. L. P. p. anob. de Gilbert Laurière. — Saint-Germain, septembre 1669; P. 27 novembre même année.

LAUTE DE LA ROVERRE. L. P. p. naturalisation au sieur Lauté de la Roverre. — Versailles, août 1760; P. 6 septembre même année.

LA VACHE. L. P. p. anob. de Jean La Vache, du Havre, moyennant 740 livres. — 9 janvier 1397; expédiées le 12 septembre même année.

LA VACHE. L. P. p. anob. de Robert La Vache, du Havre, moyennant 800 livres.—10 décembre 1403; expédiées le 25 novembre 1404.

LAVACHE. L. P. p. anob. de Jean Lavache, fils de Clarembaut, bourgeois de Paris, et de sa postérité. — 1392. Fol. 62.

LAVACHE. L. P. p. anob. de Robert Lavache, de libre condition, de Rouen, et de sa postérité.—1403.

LAVAL (de). L. P. p. érection de la terre et seigneurie de Sablé, en marquisat, en faveur d'Urbain de Laval.—Paris,

7 janvier 1602; P. 15 mars même année.

LAVAL (de) L. P. p. érection de la baronnie, seigneurie, haute justice, moyenne et basse de Lezay, fiefs de Chemay, Maububert, la Graslière et autres en marquisat, sous le nom de Lezay, en faveur du sieur Hilaire de Laval.— Saint-Germain-en-Laye, 21 janvier 1642; P. 27 juin même année.

LAVAL (de). L. P. p. anob. de François de Laval, capitaine au régiment de La Fère.—1653.

LAVAL (de). L. P. p. érection de la terre et seigneurie de Sergueux et de la Séparée, en Poitou, en baronnie, en faveur d'Hilaire de Laval.—Paris, juin 1653; P. 7 septembre 1654.

LAVAL (de). L. P. p. réhabilitation à François de Laval.—1665.

LAVAL DE LESTAUCOURT (de). L. P. p. anob. de François de Laval de Lestaucourt.—Mantes, octobre 1652; P. 8 avril 1653.

LA VALLIERE (de). L. P. p. union des terre de Vaujours et baronnie de Saint-Christophe, avec leurs dépendances et annexes en Touraine et Anjou, et érection d'icelles en duché-pairie, sous le nom de la Vallière, en faveur de Louise-Françoise de la Vallière. — Saint-Germain, 13 mai 1667; P. 18 mai même année.

LAVARENNE (de). L. P. p. désunissement de la baronnie et fief de Fougerée d'avec la châtellenie de Cré, et érection de celle-ci en baronnie, en faveur du marquis de la Varenne.—Paris, juillet 1665; P. 20 février 1670.

LAVERDY (de). L. P. p. confirmation de noblesse à André-Jean et Clément de Laverdy, cousins-germains. — Versailles, 30 mars 1747; P. 22 avril même année.

LAVERDY (de). L. P. p. reconnaissance d'ancienne noblesse à Claude-Charles et à André-Jean de Laverdy. — Versailles, 10 décembre 1766; P. 7 janvier 1767.

LAVERDY (de). L. P. P. maintenue de M. de Laverdy en la propriété et jouissance de la terre et châtellenie de Gambois. — Versailles, avril 1775 ; P. 10 juillet même année.

LAVERDY (de). L. P. P. confirmation de l'érection de la terre de Gambois en marquisat, en faveur de Clément-Charles-François de Laverdy. — Versailles, février 1776 ; P. 7 mars même année.

LAVERNE. L. P. P. confirmation de noblesse à Raymond Laverne, bourgeois de Carcassonne, de sa femme et de ses enfants. — 1403.

LAVERNOT (de). L. P. P. anob. de Philippe Lavernot, dit Pascal, président et lieutenant civil du comté de Ponthieu, en considération de ses services. — 14 mai 1607 ; expédiées le 28 septembre même année ; enregistrées les 2 et 29 mars 1608.

LAVRETTE DE SOMMERAUX (de). L. P. P. anob. de François de Lavrette de Sommeraux. — Marly, janvier 1727 ; P. 8 février même année.

LAW DE LAURETANNE. L. P. P. naturalisation à Jean Law de Lauretanne, natif d'Ecosse. — Paris, mai 1716 ; P. 26 mai même année.

LAWLASS. L. P. P. naturalisation à Nicolas Lawlass, natif de Dublin. — Versailles, décembre 1763 ; P. 1er février 1764.

LEAU (de). L. P. P. anob. de Huard de Leau, fils de feu Jean, de Tournai. — 1391. Fol. 41.

LEBAS. L. P. P. anob. de Geoffroy Lebas, de Normandie. — 1391. Fol. 41.

LEBAS. L. P. P. anob. de Guillaume Lebas, sieur de Gotteville. — 18 décembre 1576 ; expédiées le 24 janvier 1577.

LEBAUBE. L. P. P. anob. de Guillaume Lebaube. — 1371. Fol. 92.

LEBEAU. L. P. P. anob. de Claude Lebeau, sieur de Bouchet, pour services militaires. — 1609.

LEBEL. L. P. P. anob. de Jean Lebel, de Toulouse, de sa femme et de sa postérité. — 1391. Fol. 30.

LEBELLANGER. L. P. P. anob. de Simon Lebellanger, contrôleur provincial de l'artillerie. — 4 juillet 1586. C. des A. 16 juillet 1589.

LEBELLANGER. L. P. P. anob. de Robert Lebellanger, sieur des Pos, dit le Baron, de la province de Normandie. — 22 septembre 1644 ; expédiées le 8 novembre même année.

LE BERT. L. P. P. maintenue des enfants et petits-enfants de feu Jacques Le Bert dans leur noblesse. — Paris, 9 mars 1717 ; P. 9 mai 1718.

LEBLANC. L. P. P. anob. de Jean Leblanc, argentier de la reine. — 1550.

LEBLANC. L. P. P. anob. d'Etienne Leblanc, greffier de la Chambre des Comptes. — 21 mars 1550 ; expédiées le 27 avril 1552 ; C. des A., 20 juillet même année.

LEBLANC. L. P. P. anob. de Gaspard Leblanc, sieur Dubois, gendarme de la reine. — 1643.

LEBLANC. L. P. P. anob. d'Etienne Leblanc, de Vitry — Paris, décembre 1654 ; P. 4 janvier 1670. — L. P. P. confirmation de l'anob. d'Etienne Le Blanc. — Saint-Germain, mai 1669 ; P. 4 janvier 1670.

LE BLOND. L. P. P. anob. de Claude Leblond, sieur de Bavierre. — Versailles, mai 1702 ; P. 12 mai même année.

LE BLOND. L. P. P. anob. de Claude-François Le Blond, sieur de Pilouy. — Paris, 30 juillet 1717 ; P. 16 mars 1719.

LE BLOND. L. P. P. anob. de J.-François Le Blond. — Versailles, janvier 1756 ; P. 4 mars même année.

LEBLOND. L. P. P. anob. du sieur Leblond, maître de mathématiques des enfants de France. — Versailles, janvier 1786 ; P. 21 mars même année.

LE BOIDEL DE LA BOISSIERE DE CERY. L. P. P. confirmation des nom, titre et dignité du comté d'Argenton, en faveur de Louise-Marie-Madeleine Victoire Le Boidel de la Boissière de Céry.—Versailles, février 1709; P. 21 juin même année.

LE BON. l. p. p. confirmation de noblesse à François Le Bon, sieur de la Motte. —Versailles, août 1697; P. 10 janvier 1698.

LEBON. l. p. p. anob. de Michel Lebon.—1698.

LE BOUCHARD D'AILLY. l. p. p. confirmation de noblesse à Joseph-Gilles Le Bouchard d'Ailly — Versailles, mai 1699; P. 7 juillet même année.

LE BOUCHER. l. p. p. anob. de Nicolas Le Boucher. —1432. Fol. 149.

LE BOUCHER. l. p. anob. de Rodolphe Le Boucher.—1579. Fol. 284.

LE BOUCHER. l. p. p. anob. des sieurs Joseph-Gilles et Jean Le Boucher.—1699.

LE BOUCHOUX. l. p. p. anob. de Simon Le Bouchoux, de sa femme et de ses enfants.—Avril 1370.

LEBOUD. l. p. p. anob. de Claude Leboud.— 1702.

LEBOULANGER. l. p. p. anob. de Jacques Leboulanger, lieutenant au bailliage d'Alençon. — 20 novembre 1649; expédiées le 3 août 1650.

LEBOULENT. l. p. p. anob. de Jacques Leboulent, sieur de Grasserie. — 3 mars 1576; expédiées le 14 août même année.

LEBOURG. l. p. p. anob. de Thomas Lebourg, de Fourmigny, moyennant 1000 livres.—7 mars 1578; expédiées le 29 avril même année.

LE BOURGEOIS. l. p. p. anob. de Rodolphe Le Bourgeois. — 1507. Fol. 284.

LEBOURGUIGNON. l. p. p. anob. de Benoit Lebourguignon et de Jean, son frère, sieur de Galopine.—15 juin 1557; expédiées le 30 novembre même année.

LEBOURGUIGNON. l. p. p. anob. de Benoit Lebourguignon. — 7 août 1671; expédiées le 13 septembre même année.

LE BOURLAC. l. p. p. anob. de Jean Le Bourlac, et d'Agnès, sa femme. — 1397.

LEBOYER. l. p. p. anob. de Julien Leboyer.— 25 mai 1667.

LE BRET. l. p. p. anob. de Jacques Le Bret.—Versailles, décembre 1696; P. 22 mai 1697.

LE BRETON. l. p. p. anob. de Simon Le Breton, de Valognes, et de sa postérité.— 1360. Fol. 157.

LE BRETON. l. p. p. anob. de Jean Le Breton, de Châlons, et de sa femme Jeanne.— 1380. Fol. 160.

LE BRETON. l. p. p. anob. de François Le Breton, sieur de la Faye, conseiller au présidial de Saintes. — ....; C. des A., 23 octobre 1597.

LEBRETON. l. p. p. érection de la terre et seigneurie de Colombiers en marquisat, en faveur du sieur Lebreton.—Paris, décembre 1619; P. 3 août 1639.

LE BRETON. l. p. p. anob. de François Le Breton, sieur de Botteau.— 6 décembre 1669; expédiées le 6 novembre 1670.

LEBRUN. l. p. p. anob. d'Astorges Lebrun. — 1354. Fol. 8.

LEBRUN. l. p. p. anob. du sieur Lebrun, peintre.—Paris, décembre 1662; P. 22 mai 1663. — l. p. p. confirmation de l'anoblissement de Charles Lebrun, peintre du roi. — ..... décembre 1665; P. 19 janvier 1666.

LE BRUN. l. p. p. anob. de Michel Le Brun, sieur d'Apremont. — Versailles, janvier 1685; P. 7 septembre 1688.

LE BRUN. l. p. p. confirmation de l'érection des terres d'Ainteville, Jouvencourt et Silvancourt en partie en marquisat, en faveur de Guillaume Le Brun. — Versailles, mai 1703; P. 15 juin même année.

LE CAL. l. p. p. anob. de Thomas Le Cal, de Marguerite, sa femme, de Saint-Quentin, et de leur postérité. — 1395.

LE CAMUS. l. p. p. anob. de Jacques Le Camus, maître des requêtes. — 13 juillet 1459; expédiées le 12 septembre même année.

LE CAMUS. l. p. p. anob. de Nicolas Le Camus, marchand, bourgeois de Paris, moyennant 1,500 livres. — 7 juillet 1603; C. des A., 25 février 1605.

LE CAMUS. l. p. p. érection de la terre et seigneurie de Maillebois en marquisat, en faveur de dame Anne Le Camus, femme de Mr Claude de Pinart, seigneur de Jambeville, seigneur châtelain de Maillebois. — Paris, avril 1621; 30 août 1625. — l. p. p. mandement pour l'enregistrement de celles du mois d'avril 1621 portant érection de la seigneurie de Maillebois en marquisat, en faveur de dame Anne Le Camus, épouse de Mr Claude Pinart, fille du sieur de Jambeville, en son vivant seigneur de Maillebois. — Paris, 28 mai 1625; 30 août même année.

LE CAMUS. l. p. p. confirmation à Jean Le Camus et à ses enfants de leur noblesse. — Saint-Germain, décembre 1675; P. 30 mars 1678.

LE CARON. l. p. p. anob. de Thomas Le Caron, moyennant 400 livres. — 2 janvier 1396; expédiées le 18 août même année.

LE CARON. l. p. p. anob. de Renaud Le Caron, et de sa postérité, de basse extraction. — 1440.

LE CARON. l. p. p. anob. de Jacques Le Caron. — 1585. Fol. 285.

LE CARPENTIER. l. p. p. anob. de Jean Le Carpentier. — 1549. Fol. 298.

LE CARTIER. l. p. p. anob. de Jean Le Cartier, de Paris. — 17 février 1407; expédiées le 22 septembre même année.

LE CERF. l. p. p. anob. de Laurent Le Cerf. — 27 juin 1534; expédiées le 6 août même année.

LE CHANDELIER. l. p. p. anob. de Jacques Le Chandelier, secrétaire du roi à Paris. — 27 avril 1553; expédiées le 2 mai 1554.

LE CHATELAIN. l. p. p. anob. de Jean Le Châtelain. — 1389. Fol. 19.

LECHELLE (de). l. p. p. anob. de Jean de Léchelle, de Châlons, et de sa postérité. — 1384.

LE CHESNE. l. p. p. anob. de Thomas Le Chesne, de Saint-Georges, de libre condition, et de sa postérité. — 1400.

L'ECHIQUIER (de). l. p. p. anob. de Simon de l'Echiquier, de Suisse. — 1372. Fol. 116.

LE CLERC. l. p. p. anob. d'Etienne Le Clerc. — 1349. Fol. 1.

LE CLERC. l. p. p. anob. d'André Le Clerc, dit Poupard, barbier du roi. — 1354.

LE CLERC. l. p. p. anob. d'Etienne Le Clerc. — 1451. Fol. 105.

LE CLERC. l. p. p. anob. de Pierre Le Clerc. — 1517. Fol. 134.

LE CLERC. l. p. p. anob. de François Le Clerc. — 1552.

LE CLERC. l. p. p. anob. de Pierre Le Clerc. — 1559. Fol. 238.

LE CLERC. l. p. p. anob. de Guillaume Le Clerc, sieur de la Grave, pour services. — 1594.

LE CLERC. l. p. p. anob. de Pierre Le Clerc, juge au présidial d'Angers. — 1676.

LE CLERC. l. p. p. anob. d'Antoine Le Clerc. — 1698.

LE CLERC. l. p. p. anob. d'Antoine Le Clerc. — Versailles, mars 1698; P. 9 mai même année.

LE CLERC. l. p. p. anob. de Claude-Jean Le Clerc, sieur de Fresne. — Saint-Germain, décembre 1680; P. 21 juin 1720.

LE CLERC. l. p. p. anob. d'Armand Le Clerc. — Compiègne, août 1770; P. 1er décembre même année.

LE CLERC DE LA BOUSSIERE. L. P. P. anob. de François Le Clerc de la Boussière. — Camp de la Comanderie du Vieux-Jonc, juillet 1747; P. 13 janvier 1748.

LE CLERC DE LESSEVILLE. L. P. P. érection de la terre et seigneurie de Charbonnière en comté, en faveur d'Eustache -Auguste Leclerc de Lesseville. — Versailles, mars 1707; P. 1er avril même année.

L'ECLUSE. L. P. P. anob. de Louis L'Ecluse. — Versailles, 8 mars 1757; P. 19 juillet même année.

LE COCQ. L. P. P. anob. de Richard Le Cocq, de Bayeux, moyennant 600 livres. — 12 septembre 1643; expédiées le 2 février suivant.

LE COIGNEUX. L. P. P. anob. d'Antoine Le Coigneux, maître des comptes. — 1598.

LE COIGNEUX. L. P. P. union des fiefs de Plailly et autres à la terre et seigneurie de Montmeillan et érection d'icelle en marquisat, en faveur de M. le président Le Coigneux. — Paris, mai 1655; P. 3 septembre même année.

LE COINTE. L. P. P. confirmation de noblesse à François-Antoine et Nicolas Le Cointe. — Versailles, décembre 1710; P. 22 juin 1711.

LE COINTTE. L. P. P. anob. de Michel Le Cointte. — Paris, novembre 1657; P. 22 janvier 1711.

LE COMTE. L. P. P. anob. de Nicolas Le Comte. — 1364.

LE COMTE. L. P. P. anob. de Robert Le Comte, dit Le Long, de sa femme et de ses enfants. — 1385. Fol. 113.

LE COMTE. L. P. P. anob. de Jean Le Comte. — 1506. Fol. 33.

LE COMTE. L. P. P. anob. de Richard Le Comte, sieur du Mesnil, lieutenant criminel d'Avranches, pour mérites et services. — 9 septembre 1546; expédiées le 14 juillet 1550. C. des C.

LE COMTE. L. P. P. anob. de Jacques Le Comte. — 1659.

LE COMTE. L. P. P. anob. de Barthélemy Le Comte, sieur d'Epinay, de Blois, moyennant 1,000 livres. — 4 décembre 1576; expédiées le 24 janvier 1577. C. des C.

LE COMTE. L. P. P. confirmation et en tant que besoin nouvel anob. à Léonard Le Comte, sieur de Brissac, et à François Le Comte, sieur de Sourdière. — 1677.

LE COQ. L. P. P. anob. de Jean Le Coq, maître en fait d'armes. — Paris, 28 février 1657; P. 3 septembre 1664.

LE CORDIER. L. P. P. anob. de Nicolas Le Cordier. — 1509. Fol. 318.

LE CORNERET. L. P. P. anob. de Moïse Le Corneret, sieur de Molat, capitaine de cent hommes d'armes. — 24 juillet 1597.

LE CORNU. L. P. P. anob. de Robert Le Cornu, marchand à Rouen. — 1463. Fol. 116.

LE CORROYER. L. P. P. anob. de Robert Le Corroyer, lieutenant général au bailliage de Péronne. — 12 novembre 1594; C. des A. 8 juillet 1596.

LE COURT. L. P. P. anob. de Robert Le Court, commissaire enquêteur de la vicomté d'Auge, moyennant 450 livres. — 8 octobre 1643; expédiées le 12 juillet 1644.

LE COURT. L. P. P. anob. de Julien Le Court, sieur de Pluny. — Versailles, décembre 1697; P. 27 juin 1698.

LE COURTOIS. L. P. P. anob. de Simon Le Courtois, bourgeois de Paris, de sa femme Isabelle et de sa postérité. — 19 septembre 1396; expédiées le 5 février 1397.

LE COUTELIER. L. P. P. anob. de Renaud Le Coutelier, clerc, notaire du roi. — 1370. Fol. 97.

LE COUTURIER. L. P. P. confirmation de l'union et érection de la terre et seigneurie de Mauregard en marquisat, en faveur du président Le Couturier. — Versailles, août 1741; P. 7 septembre même année.

LE COUVERS. l. p. p. anob. de Nicolas Le Couvers, receveur de Meaux, et de sa postérité. — 1367.

LE COUVREUR. l. p. p. anob. de Jean Le Couvreur, de Jeanne, sa femme, et de ses enfants. — 1394.

LE COUVRIER. l. p. p. anob. de Guillaume Le Couvrier, sieur de la Mothe, de Rouen, moyennant 1,000 livres. — 6 décembre 1577; expédiées le 22 février 1578.

LE CRIEUR. l. p. p. anob. de Jean Le Crieur, trésorier en la chancellerie de Carcassonne. — 1412. Fol. 56.

L'ECUYER. l. p. p. permission au sieur Jérôme l'Ecuyer, sieur de Gresly, de tenir la terre et seigneurie de Muret en comté, comme il faisait avant l'embrasement des titres.— Fontainebleau, juillet 1659; P. 29 août même année.

LE DAGRE. l. p. p. anob. de Simon Le Dagre, sieur de Rouchereux. — Versailles, décembre 1699; P. 9 mars 1700.

LE DEVIN. l. p. p. anob. de Robert Le Devin et de sa postérité. — 1395.

LE DIEU. l. p. p. anob. de Jean Le Dieu. — 1653.

LE DOUX. l. p. p. anob. de Jean Le Doux et d'Agnès Guilbaut, sa femme, de Lille. — 1438. Fol. 76.

LE DOUX. l. p. p. anob. d'Etienne Le Doux. — 1495.

LE DUC. l. p. p. reconnaissance de noblesse à Benoît-Louis Le Duc. — Compiègne, août 1774; P. 26 août même année.

LE FAUCHEULX. l. p. p. anob. du sieur Le Faucheulx. — Versailles, juin 1785; P. 6 septembre même année.

LEFAUCHEUR. l. p. p. anob. de Jean Lefaucheur. — 1594.

LEFEBVRE DE LAMBRIERE. l. p. p. érection de la terre et seigneurie ..... (le nom manque) en marquisat, sous le nom de Lambrière, en faveur de Charles-François Lefebvre de Lam-

brière. — Marly, mars 1725; P. 28 mars 1738.

LEFEBVRE D'ORMESSON. l. p. p. union des terres et seigneuries d'Ormesson, Ambailles, etc., et érection d'icelles en marquisat, sous le nom d'Ormesson, en faveur de Marie Lefebvre d'Ormesson. — Versailles, octobre 1758; P. 6 février même année.

LEFERON. l. p. p. maintenue et confirmation de noblesse à Jean Leferon, procureur aux siéges royaux de Compiègne. — 1676.

LE FERON. l. p. p. confirmation de noblesse à Jean Le Féron. — Camp d'Hurtebise, mai 1676; P. 2 juillet même année.

LEFERON. l. p. p. anob. de Louis Leferon. — 1698.

LE FERON. l. p. p. confirmation de noblesse à Louis Le Féron. — Fontainebleau, septembre 1697; P. 9 avril 1698.

LE FERRAND. l. p. p. anob. de Bertrand Le Ferrand et de ses descendants moyennant 400 livres.— 1406; expédiées le 17 avril même année.

LEFEVRE. l. p. p. anob. de Raymond Lefèvre, de Bourges, bachelier en droit, de sa femme et de ses enfants. — 1370.

LEFEVRE. l. p. p. anob. d'Albert Lefèvre, trésorier du Dauphin, de sa femme et de ses enfants. — 1408. Fol. 178.

LEFEVRE. l. p. p. anob. de Colin Lefèvre. — 1410. Fol. 21.

LEFEVRE. l. p. p. anob. de Jean Lefèvre, président au parlement, et de sa postérité. — 1436. Fol. 10.

LEFEVRE. l. p. p. anob. de Christophe Lefèvre, sieur de Sept-Vaulx, lieutenant des eaux et forêts de Caen.— 1533. Fol. 109.

LE FEVRE. l. p. p. anob. de Christophe Le Fèvre, seigneur de Sept-vaulx, lieutenant général à Courcy. — 8 mai 1583; expédiées le 21 juin; enregistrées le 16 juillet même année.

LEFÈVRE. l. p. p. anob. de Simon Lefèvre. — 1693.

LE FÈVRE. l. p. p. anob. d'Étienne Le Fèvre, conseiller, commissaire et échevin de Rouen. — 8 janvier 1699; expédiées le 22 décembre suivant.

LE FÈVRE. l. p. p. anob. de Philippe Le Fèvre. — Versailles, janvier 1710; P. 11 mars même année.

LEFÈVRE D'ADURY. l. p. p. anob. de René Lefèvre d'Adury. — Paris, juin 1718; P. 11 août même année.

LE FÈVRE DE CAUMARTIN. l. p. p. union des fiefs de Jorsay, Massogne, La Rotrinière et autres, et érection d'iceux en châtellenie, en faveur de Louis-Urbain Le Fèvre de Caumartin. — Versailles, mars 1712; P. 20 juin même année.

LEFOL. l. p. p. anob. de Jean Lefol, sieur d'Aigny, d'Isabelle, sa femme, et de sa postérité. — 1369.

LEFORT. l. p. p. anob. de Jacques Lefort, de Bayeux, et de sa postérité. — 1369. Fol. 43.

LEFORT. l. p. p. anob. de Jean Lefort, de Jacquette, sa femme, et de sa postérité. — 1390.

LE FORT. l. p. p. anob. de Jean Le Fort, bourgeois de Paris, moyennant 130 livres. — 2 janvier 1390; expédiées le 12 février 1391.

LE FORT. l. p. p. anob. d'Antoine Le Fort, de Rennes. — 8 novembre 1554; expédiées le 20 mai 1555.

LE FOURNIER. l. p. p. anob. de Robert Le Fournier, baron de Tournebul, comme issu de la ligne de la pucelle d'Orléans. — 1550.

LEFRANÇOIS. l. p. p. anob. de Jean Lefrançois, ancien maître de la chambre du roi de Navarre. — 1363. Fol. 120.

LE FRANÇOIS. l. p. p. anob. de Jean Le François, panetier du duc de Berry, Colette Comtande, sa femme, et leurs descendants. — 1404.

LE FRANÇOIS. l. p. p. anob. d'Étienne Le François, du diocèse de Sens, de libre condition, et ses descendants. — 1404.

LEGARDEUR. l. p. p. anob. de Jean Legardeur. — 1500. Fol. 351.

LE GARDEUR. l. p. p. anob. de Jean Le Gardeur, de Tours, moyennant 200 écus d'or. — 6 mai 1511; expédiées le 2 août suivant.

LE GAYER. l. p. p. relèvement à Urbain Le Gayer de la dérogeance à la noblesse de son aïeul et de son père, et en tant que besoin anob. de lui et de ses enfants. — Saint-Germain-en-Laye, mai 1639; P. 4 septembre 1648.

LEGEAY. l. p. p. anob. d'André Legeay. — 1609.

LE GENDRE. l. p. p. anob. de Jean-Baptiste Le Gendre. — Compiègne, mai 1732; P. 28 juin même année.

LE GENDRE. l. p. p. anob. de Jean Le Gendre, premier chirurgien du roi d'Espagne, moyennant une aumône de 300 livres. — 1733.

LEGENDRE. l. p. p. anob. de J.-Gabriel Legendre. — Versailles, juin 1765; P. 3 juillet même année.

LEGER. l. p. p. anob. du sieur Léger, commissaire d'artillerie. — Versailles, octobre 1677; P. 27 juin 1678.

LEGER LE PELLETIER. l. p. p. anob. de Guillaume Léger le Pelletier. — Marly, juin 1714; P. 6 juin 1715. — l. p. p. exception des lettres d'anob. du mois de juin 1714 de Guillaume Léger le Pelletier de la suppression portée par l'édit du mois d'août 1715. — Paris, 20 mars 1717; P. 4 septembre 1723.

LE GOIX. l. p. p. anob. de Guillaume Le Goix et de sa postérité. — 1387. Fol. 9.

LEGRAND. l. p. p. anob. de Jérémie Legrand, bourgeois de Paris. — 6 février 1557; expédiées, enregistrées et homologuées le 17 avril 1558. C. des A., et C. des C.

LE GRAS. l. p. p. anob. de Gilles Le Gras, bourgeois de Paris, moyennant 100 écus d'or. — 9 novembre 1376; expédiées le 6 mai 1377.

LEGRAS DU LUART. L. P. p. érection de la terre et seigneurie du Last en marquisat, en faveur de François Legras du Luart. — Marly, janvier 1726; P. 7 juin même année.

LEGRIS. L. P. p. anob. de Guillaume Legris. — 1558. Fol. 99.

LE GRUYER. L. P. p. anob. d'Etienne Le Gruyer. — 1351. Fol. 50.

LEGRUYER. L. P. p. anob. de Pierre Legruyer, fils de Simon. — 1367.

LEGUAY. L. P. p. anob. de Jean Leguay et de Marie, sa femme. — 1388. Fol. 127.

LE GUESTRE DE PREVAL. L. P. p. érection de la terre et seigneurie de la Selle, en Gâtinais, en comté, en faveur de Michel Le Guestre de Préval. — Versailles, juillet 1685; P. 6 juillet 168..

LE GUIN. L. P. p. anob. de N... Le Guin, recteur et maître des requêtes de l'hôtel. — 1377. Fol. 127.

LE HARDY. L. P. p. érection de la terre et seigneurie de la Trousse, près Meaux, en marquisat, en faveur de Philippe-Auguste Le Hardy. — Paris, août 1651; P. 2 septembre même année.

LEHARDY. L. P. p. confirmation de noblesse de Gaspard Lehardy. — Versailles, février 1706; 22 avril même année.

LE HARDY DE BOLLIARD. L. P. p. maintenue de Philippe-Auguste Le Hardy de Bolliard dans sa noblesse. Paris, 5 mai 1716; P. 15 juin même année.

LE HASTE. L. P. p. anob. de Jean Le Hasté, sieur de la Combaudière, moyennant 1,500 livres. — 25 décembre 1644.

LEHAUT. L. P. p. anob. de Brice Lehaut. — 1698.

LEHAYER. L. P. p. anob. d'Urbain Lehayer, substitut du procureur général. — 1639.

LEHERMETTE. L. P. p. anob. de Gil- les Lehermette, procureur du roi, de Falaise, moyennant 3,000 livres. — 1574. Fol. 157.

LE HOUX. L. P. p. érection de la terre et seigneurie d'Ainteville, Jouvencourt et Silvancourt en partie, en marquisat, en faveur du sieur Le Houx. — Paris, février 1647; P. 27 mars même année.

LE HUCHER. L. P. p. anob. de Denis Le Hucher, procureur du roi à Velry. — 1414. Fol. 54.

LEIDEL. L. P. p. anob. de Jean Leidel, dit le Gaucher. — 1705.

LE JARIER. L. P. p. anob. de Guilbert Le Jarier. — 1517. Fol. 311.

LEJAY. L. P. p. anob. et légitimation des sieurs Alexandre, Guillaume, Henri, Antoine et Louis Lejay, enfants naturels de Lejay, premier président au parlement de Paris, et de demoiselle Louise. — 1630.

LE JAY. L. P. p. érection de la terre et seigneurie de Tilly en baronnie, en faveur du sieur Le Jay. — Metz, janvier 1632; P. 22 août 1637.

LE JAY. L. P. p. maintenue de noblesse à J.-J.-Fr.-Honoré-Henri Le Jay. — Fontainebleau, 3 novembre 1752; P. 6 février 1753.

LEJEUNE. L. P. p. anob. de Jean Lejeune, de Pontoise, pannetier du roi, et de sa postérité. — 1370.

LEJEUNE DE SAINT-ANTOINE. L. P. p. anob. du sieur Lejeune de Saint-Antoine. — Saint-Germain, février 1675; P. 23 mars même année.

LE JONGLEUR. L. P. p. anob. de Charles Le Jongleur, fils de Claude. — Versailles, juin 1696; P. 17 août même année.

LEJUMEL. L. P. p. anob. d'Alba Lejumel, de Pont-Lévêque. — 1509. Fol. 47.

LELARGE. L. P. p. anob. de Richard Lelarge, de Cliqueville, moyennant 500 livres. — 10 octobre 1522; expédiées le 24 juillet 1523.

LELARGE. L. P. p. anob. de Thomas Lelarge. — 1634.

LELARGE. L. P. p. anob. de Nicolas Lelarge, sieur de la Place. — 1659.

LELARGE. L. P. p. anob. de Louis Lelarge, sieur de Cartes et de ses frères. — 1668.

LE LARGE. L. P. p. anob. de ..... Le Large. — Saint-Germain-en-Laye, janvier 1633; P. 29 janvier même année.

LE LARGE. L. P. p. anob. de Jacques Le Large. — Versailles, mars 1697; P. 10 juillet même année.

LELEU. L. P. P. anob. des sieurs Leleu, frères. — Versailles, juin 1782; P. 3 septembre même année.

LELIERE. L. P. p. anob. d'Oudart Lelière, secrétaire du roi. — 15 janvier 1372; expédiées le 9 juillet même année.

LELIEUR. L. P. p. anob. de Jacques Lelieur, de Rouen, de sa femme et de ses enfants. — 1364. Fol. 11 et 123.

LE LIEVRE. L. P. p. confirmation du titre de marquisat à la terre et seigneurie de Fourilles, en faveur de Thomas Lelièvre. — Saint-Germain, octobre 1648; P. 6 mars 1649.

LE LIEVRE. L. P. p. union de fiefs et seigneuries à la terre et seigneurie de la Grange près Brie-Comte-Robert et érection d'icelles en marquisat, en faveur du sieur Le Lièvre. — Paris, juillet 1659; P. 19 décembre même année.

LELONG. L. P. p. anob. de Pierre Lelong. — 1507. Fol. 107.

LE LORIER DE GEVERNY. L. P. p. anob. de Louis-Richard-Guillaume Le Lorier de Geverny. — Versailles, mars 1771; P. 1ᵉʳ août 1774.

LE LOZIER BONNET. L. P. p. anob. de Charles Le Lozier Bonnet. — Versailles, janvier 1774; P. 1ᵉʳ août même année.

LE MACET. L. P. p. anob. de Jean Le Macet, de Semur, de sa femme et de ses enfants. — 1369.

LE MAIRE. L. P. p. anob. de Philippe Le Maire, d'Angers, moyennant 1500 livres. — 16 janvier 1557; expédiées le 18 décembre même année.

LE MAITRE. L. P. p. anob. de Pierre Le Maitre et de Paul, son frère. — 1637.

LE MAITRE. L. P. p. érection de la seigneurie des Ferrières, près Montdidier, en marquisat, en faveur de Gilles Le Maitre. — Paris, juillet 1665; P. 30 septembre 1667.

LE MARECHAL. L. P. p. anob. de Jean Le Maréchal. — 1463. Fol. 128.

LE MARINIER. L. P. p. anob. de Jean Le Marinier. — 1364. Fol. 14.

LE MARINIER. L. P. p. anob. de Thomas Le Marinier. — 1495. Fol. 24.

LE MASURIER. L. P. p. anob. de Christophe Le Masurier, sieur de Dardanne. — 1547. Fol. 169.

LE MAUVAIS. L. P. p. anob. d'Olivier Le Mauvais, et changement du nom de Mauvais en celui de Le Dain. — Chartres, octobre 1474; P. 30 janvier 1475.

LE MAYRAT. *Voir* L'Epinette.

LE MAZURIER. L. P. p. anob. de Louis Le Mazurier, de la Rochelle, moyennant 100 écus d'or. — 6 novembre 1509; expédiées mars 1510.

LE MERCIER. L. P. p. anob. de Pierre Le Mercier, licencié en droit. — 1371.

LE MERCIER. L. P. p. anob. de Hugues Le Mercier, fils de Bernard, et de sa postérité. — 1373. Fol. 115.

LE MERCIER. L. P. p. anob. de Jean Le Mercier, bourgeois de Paris. — 1374. Fol. 120.

LE MERCIER. L. P. p. anob. de Philippe Le Mercier et de Claude, son frère, puis confirmation par lettres de surannation. — 1695.

LE MERCIER. L. P. p. anob. de Louis Le Mercier. — Versailles, juin 1778; P. 27 novembre même année.

LE MERCIER DE MAISONCELLE. L. P. P. anob. de Louis Le Mercier de Maisoncelle. — Versailles, avril 1734. P. 21 mai même année.

LEMOINE. L. P. P. anob. de Richard Lemoine. — 1493. Fol. 48.

LEMOINE. L. P. P. anob. de Richard Lemoine, de Saint-Cyr, près Valognes. — 1576. Fol. 41.

LEMOINE. L. P. P. anob. de Charles Lemoine, sieur de Longueville. — 1680.

LEMOINE. L. P. P. anob. de Gaspard Lemoine. — 1700.

LE MOINE. L. P. P. anob. de Gaspard Le Moine, sieur du Baron. — Versailles, décembre 1699; P. 3 septembre 1700.

LE MOINE. L. P. P. anob. de Louis-Henri Le Moine. — Versailles, février 1764; P. 3 avril même année.

LE MONTNAL. L. P. P. anob. de Thomas Le Montnal. — 1388.

LENE. L. P. P. anob. d'Aubin Léné, auditeur des comptes. — 12 mai 1588; expédiées le 9 septembre; C. des A. le 16 septembre même année.

LENNOX (de). L. P. P. mandement pour l'enregistrement de celles du mois de janvier 1684, portant érection de la terre d'Aubigny en duché-pairie, en faveur de Louise-Renée de Pennencourt, duchesse de Portsmouth, et confirmation de ladite érection, en faveur de Charles de Lennox. — Versailles, 24 juin 1777; P. 1er juillet même année. — L. P. P. mandement pour l'enregistrement de celles du mois de janvier 1685, portant naturalisation à Charles Lennox, duc de Richemont. — Versailles, 9 juillet 1777; P. 11 juillet même année.

LENOBLE. L. P. P. réhabilitation pour services militaires. — 1556. Fol. 90.

LENONCOURT. L. P. P. anob. de Robert de Lenoncourt, en considération de ses services militaires. — 2 septembre 1500; expédiées le 6 mars 1501.

LE NORMAND. L. P. P. anob. d'Edme Le Normand, d'Orléans. — 21 février 1503; expédiées le 6 décembre même année.

LE NORMAND. L. P. P. anob. de François Le Normand, sieur de Salvet, pour services militaires. — 1605.

LE NORMAND DE MEZY. L. P. P. union de justice à la terre et seigneurie de Cremaille à Sébastien-François-Ange Le Normand de Mezy. — Versailles, mai 1766; P. 13 décembre même année.

LENS (de). L. P. P. réhabilitation de Jean de Lens, écuyer. — 1662.

LE NOUVEL. L. P. P. anob. de Jean Le Nouvel, sieur de Longueville, et de ses enfants. — 1364.

LE PAGE. L. P. P. anob. des sieurs Jacques, Charles et Edme Le Page, frères. — Mars 1638.

LE PAINTEUR. L. P. P. anob. de Claude Le Painteur, lieutenant-général du comté d'Harcourt. — 12 juillet 1618; expédiées le 5 septembre 1619.

LE PARIS. L. P. P. anob. de Léonard Le Paris, de sa femme, si elle est de libre condition, et de sa postérité. — 1399.

LE PÊCHEUR. L. P. P. anob. de Jean Le Pêcheur ou Poisson. — 1415. Fol. 70.

LE PELLETIER. L. P. P. anob. de Jean Le Pelletier, moyennant 608 livres. — 10 novembre 1414; expédiées le 8 mai 1415.

LE PELLETIER DES FORTS. L. P. P. confirmation et continuation du comté sous le nom de Saint-Fargeau, et union de la châtellenie de Villeneuve des Genests, en faveur du sieur Le Pelletier des Forts. — Paris, avril 1718; P. 16 décembre même année.

LE PELLETIER DES FORTS. L. P. P. union des justices de Villeneuve et autres à celles du comté de Saint-Fargeau, en faveur de Michel-Robert Le Pelletier des Forts. — Versailles, janvier 1729; P. 31 janvier même année.

LE PERCHE. L. P. P. anob. d'Albéric Le Perche. — 1515. Fol. 232.

LE PETIT. l. p. p. anob. d'Henri Le Petit, clerc de M. De Dormans, chancelier, et de sa postérité. — 1372.

LE PEUTRE. l. p. p. anob. de François Le Peutre. — 1698.

LE PEVRIER. l. p. p. anob. des sieurs Pierre, Jacques et Jean Le Pevrier. — 1386. Fol. 220.

LE PEVRIER. l. p. p. anob. de Pierre Le Pevrier, de Saint-Malo, et Jacob, son frère, moyennant 800 livres. — 8 février 1671; expédiées le 27 septembre même année.

LEPICIER. l. p. p. anob. de Durand Lépicier. — 1370.

L'EPICIER. l. p. p. anob. du sieur Charles L'Epicier.—Paris, août 1617; P. 21 juillet 1618.

LEPICIER. l. p. p. priviléges et droits de noblesse à Louis-Gervais Lépicier. — Fontainebleau, 28 novembre 1752; P. 20 juin 1757.

LE PILLOIS. l. p. p. anob. de Nicolas Le Pillois, et de Marie Mathieu, sa femme, de libre condition. — 1404. Fol. 132.

LEPINE (de). l. p. p. anob. de Jean de Lépine et de ses enfants. — 1356.

LEPINE (de). l. p. p. confirmation de noblesse d'Antoine de Lépine par l'élection d'Abbeville.—22 octobre 1599; homologuées en ladite élection le 17 novembre 1715.

LEPINE. l. p. p. anob. à Pierre Lépine et Marie Miguel, sa nièce, originaires de la Savoie. — Versailles, mai 1743; P. 28 mai même année.

L'EPINETTE LE MAYRAT. l. p. p. érection de la terre de Bruyères-le-Châtel en marquisat, en faveur du sieur L'Epinette le Mayrat. — Versailles, août 1676; P. 4 septembre même année. — l. p. p. érection du marquisat de Bruyères-le-Châtel, en faveur de Joachim le Mayrat. — Versailles, mai 1731; 29 mai 1732; P. 21 juillet 1733. — l. p. p. confirmation à Joachim le Mayrat de celles du mois d'août 1676, portant érection du mar-

quisat de Bruyères-le-Châtel, en faveur du sieur L'Epinette le Mayrat. — Versailles, mai 1731; P. 21 juillet 1732.

LEPIQUE. l. p. p. anob. de Michel Lepique et de sa femme. — 1588. Fol. 13.

LEPORCHER. l. p. p. anob. de Gilles Leporcher, de Joigny, de sa femme et de ses enfants. — Avril 1366.

LEPORCHER. l. p. p. anob. de Guillaume Leporcher, de Falaise.—1412. Fol. 40.

LE POTIER. l. p. p. anob. de Jean et Charles Le Potier, frères. — Versailles, mai 1701; P. 17 juin même année.

LE PRESTRE DE VAUBAN. l. p. p. commutation du nom de la terre et seigneurie de Saint-Sermin en celui de Vauban, union à icelle de la terre et seigneurie de Royer, et érection de ladite terre en comté, sous le nom de Vauban, en faveur d'Antoine Le Prestre de Vauban. — Chantilly, août 1725; P. 24 juillet 1726.

LEPRETRE. l. p. p. anob. de Jean Leprêtre. — 1409.

LE PREVOST. l. p. p. anob. de Pierre Le Prevost, bourgeois de Paris, moyennant 400 livres. — 17 août 1404; expédiées le 7 mai 1405.

LE PREVOST. l. p. p. anob. de François Le Prevost, sieur de Neuville, moyennant 1200 livres. — 16 juillet 1594; expédiées le 6 mars 1595.

LE PREVOT. l. p. p. anob. de Pierre Le Prévôt et de sa postérité. — 1404. Fol. 139.

LE PREVOT. l. p. p. anob. d'Archambaut Le Prévôt. — 1550. Fol. 154.

LE PREVOT. l. p. p. anob. d'Hélie Le Prévôt. — 1557. Fol. 206.

LE PREVOT. l. p. p. érection des terres et seigneuries du Fort de Chailly et Auvilliers en baronnie, en faveur de Jean-Baptiste Le Prévôt. — Paris, mars 1644; P. 5 septembre 1645.

LE QUEUX. l. p. p. anob. de Philippe Le Queux, de Bretagne, moyennant 80 écus d'or.—17 août 1387; expédiées le 12 décembre même année.

LEQUEUX. l. p. p. anob. de Philippe Lequeux, bailli d'Abbeville, de sa femme et de sa postérité, moyennant 8 francs d'or. — 1387. Fol. 19.

LEQUEUX. l. p. p. anob. de Pierre-Jacques Lequeux, professeur à Carcassonne, de condition libre, et de sa postérité. — 1404. Fol. 138.

LERICHE. l. p. p. anob. de Pierre-Regnaud Leriche, sergent d'armes.— 1350. Fol. 3.

LERICHE. l. p. p. anob. de Guillaume Leriche, conseiller de la reine Blanche. — 1368. Fol. 55.

LERICHE. l. p. p. anob. d'Alexandre Leriche. — 1700.

LE RICHE. l. p. p. anob. d'Alexandre Le Riche, sieur de Bretignolles.—Versailles, août 1700; P. 26 août même année.

LE RODELÉE. l. p. p. anob. d'Henri Le Rodelée, de Saint-Malo, moyennant 400 livres. — 16 février 1669; expédiées le 14 décembre même année.

LE ROI. l. p. p. anob. de Jean Le Roi et de Jacquette, sa femme. — 1397.

LE ROI. l. p. p. anob. de Robert Le Roi, secrétaire du roi, et notaire au Châtelet de Paris. — 1408.

LE ROI. l. p. p. anob. de Jean Le Roi. — 1408. Fol. 177.

LE ROSSEUR. l. p. p. confirmation de noblesse à Charles et Claude Le Rosseur.—Marly, juillet 1712; P. 11 août même année.

LE ROUGE. l. p. p. anob. de Raymond Le Rouge. — 1355. Fol. 16.

LE ROUSSELET. l. p. p. anob. de Nicolas Le Rousselet, de libre condition, et de sa postérité. — 1396.

LE ROUX. l. p. p. anob. de Guillaume Le Roux, de Lastille, en Bretagne, moyennant finance ordonnée par les commissaires députés.—16 mai 1534; expédiées le 18 décembre même année.

LE ROUX. l. p. p. anob. de Mathieu Le Roux, fils, de Normandie, et Thomas, son frère, moyennant 120 écus. —14 avril 1550; expédiées le 23 avril 1551.

LE ROUX DE ROSSÉ. l. p. p. anob. de Gilles Le Roux de Rossé. — Versailles, mars 1697; P. 20 avril même année.

LE ROY. l. p. p. anob. de Pierre Le Roy, sieur de Bacqueville et de la Poterie, en Normandie, et de Jacques, son frère, moyennant 500 livres. — 5 octobre 1523; expédiées le 12 juin 1523.

LE ROY. l. p. p. anob. de Thomas Le Roy, de Cornouailles, moyennant 400 livres. — 14 février 1669; expédiées le 28 octobre même année.

LE ROY. l. p. p. anob. de Nicolas Le Roy, moyennant 1000 livres. — 21 février 1669; expédiées le 16 décembre suivant.

LE ROY. l. p. p. érection de la baronnie de Jumelles en marquisat, en faveur d'Henri Le Roy. — Saint-Germain, février 1678; P. 21 mars 1681.

LE ROY. l. p. p. anob. de Georges Le Roy.— Paris, octobre 1719; P. 7 décembre même année.

LE ROY. l. p. p. anob. de Pons Le Roy, seigneur de Cotone, de Varchères et de Marijoles, de Nîmes. — .....

LE ROY DE LA POTERIE. l. p. p. confirmation et nouvelle érection de la terre et seigneurie de Châtein en comté, en faveur d'Urbain Le Roy de la Poterie. — Versailles, septembre 1748; P. 8 février 1749.

LE ROYER DE LA SAUVAGERE. l. p. p. maintenue de noblesse et nouvel anob. de François Le Royer de la Sauvagère. — Versailles, novembre 1742; P. 24 juillet 1743.

LE SAGE. l. p. p. anob. de Jean Le Sage, de Caen, moyennant 300 livres. — 16 septembre 1671; expédiées le 16 mars 1672.

LE SAGE. l. p. p. anob. de Michel Le Sage, frère du précédent, moyennant 300 livres. — 14 mai 1672; expédiées le 22 novembre même année.

LE SAUVEUR. l. p. p. anob. de Marc Le Sauveur, du diocèse d'Utrecht, et de sa postérité. — 1368.

LESCOT. l. p. p. anob. de Guy Lescot, de Dijon, moyennant 120 livres. — 13 novembre 1388; expédiées le 17 juin 1389.

LESCUYER. l. p. p. anob. du sieur Lescuyer. — Versailles, mars 1754; P. 28 novembre même année.

LESEIGNEUR. l. p. p. anob. de Guillaume Leseigneur et de sa postérité. — 1368.

LESERGENT. l. p. p. anob. de Claude Lesergent. — 1615.

LESERON. l. p. p. anob. d'Augustin Leseron, pour services. — 1636.

LESIEU. l. p. p. anob. de Guillaume Lesieu, receveur des finances à Caen. — 1578.

L'ESPAGNOL. l. p. p. érection de la terre et seigneurie de Boulainvilliers en baronnie, en faveur du sieur L'Espagnol, seigneur de ladite terre. — Paris, 22 février 1661; P. 4 mars même année.

L'ESPAGNOL. l. p. p. anob. de Nicolas L'Espagnol, sieur de Courvillette et d'Unchère. — Versailles, avril 1700; P. 7 juin même année.

LESPINASSE (de). l. p. p. anob. de Jean de Lespinasse, sieur de la Bournette. — 1663.

LESPOISSE (de). l. p. p. anob. de Nicolas de Lespoisse, procureur au parlement. — 1384. Fol. 210.

LESPRON. l. p. p. anob. de Michel Lespron de la Jonquière. — 1594.

LESSEAU. l. p. p. anob. de Pierre Lesseau, procureur du roi, du comté de Ponthieu, et de Jeanne, sa femme. — 1387. Fol. 9.

LESTACHE (de). l. p. p. déclaration de naturalisation à Jacques-Pierre-Ignace Lestache, né de père originaire français. — Versailles, 5 décembre 1770; P. 26 novembre 1771.

L'ESTOC (de). l. p. p. confirmation de noblesse d'Adrien de L'Estoc, sieur de Beaufort. — Versailles, 8 mai 1681; P. 23 mai même année.

LE SUEUR. l. p. p. anob. de Jacques Le Sueur, bailli et capitaine de Rouen. — 2 mai 1360; expédiées le 30 octobre même année.

LE SUEUR. l. p. p. anob. de Georges Le Sueur, sieur de Barcon, de Caen, pour services et blessures à la guerre. — 4 mars 1644; expédiées le 10 juillet même année.

LE TARTIER. l. p. p. anob. de Jean Le Tartier, de Rennes, moyennant 800 livres. — 4 janvier 1469; expédiées le 27 novembre même année.

LE TELLIER. l. p. p. anob. des sieurs Jean, Esmond et Mathieu Le Tellier, frères. — 1544. Fol. 75.

LE TELLIER. l. p. p. anob. de Jean Le Tellier, seigneur de Brieux, conseiller au grand conseil, maître des requêtes de l'hôtel de la reine, fils naturel et légitimé de Gilles Le Tellier, seigneur de Brieux, et d'Isabeau de Souchy. — 1547. Fol. 98; expédiées le 18 mars 1548.

LE TELLIER. l. p. p. confirmation de noblesse à Pierre Le Tellier. — Versailles, avril 1706; P. 1er juillet 1707. Voir GUILBERT.

LE TELLIER. l. p. p. permission au sieur Louis-César Le Tellier, marquis de Courtanvaux, de commuer son nom en celui d'Estrées et d'en porter les armes. — Versailles, mai 1739; P. 9 juin même année.

LETENEUR. l. p. p. anob. de Nicolas Leteneur, de Briqueville. — 1388. Fol. 15.

T. II.

2

LE TONNELIER DE BRETEUIL. L. P. p. commutation du nom Le Tonnelier de Breteuil en celui de Breteuil seulement, ou en y joignant le nom de Reuilly, en faveur de Nicolas Le Tonnelier de Breteuil. — Fontainebleau, août 1711; P. 17 décembre même année.

LE TOURNEUR. L. P. p. anob. de Pierre Le Tourneur, écuyer, seigneur de Brebiers. — 31 décembre 1599; homologuées le 12 avril 1609.

LETOUSE. L. P. p. anob. de Jean Letousé, du diocèse de Bayeux. — 1410. Fol. 26.

L'ETRE (de). L. P. p. conservation du titre de comté à la terre et seigneurie de Fontenay, en faveur de Joseph-Simon de L'Être, secrétaire du roi. — Versailles, avril 1724; P. 20 juillet même année.

LE TRUON. L. P. p. anob. de Nicolas Le Truon, archer des gardes du corps. — 8 novembre 1597; expédiées le 30 juin 1605.

LEUVILLE. L. P. p. érection de la terre de Leuville en marquisat, en faveur du sieur de Leuville. — Compiègne, juin 1650; P. 9 juillet même année.

LE VACHER. L. P. p. anob. de Jean Le Vacher, procureur du roi à Clermont-Ferrand. — 12 janvier 1646; expédiées le 24 janvier même année.

LE VACHER. L. P. p. anob. du sieur Le Vacher, premier chirurgien de la cour de Parme. — Versailles, décembre 1785; P. 20 février 1786.

LE VADIER. L. P. p. anob. de Jean Le Vadier, dit Cauchiette, valet de chambre du comte de Nivernais. — 1410. Fol. 25.

LE VADIER. L. P. p. anob. de Jean Le Vadier, moyennant 64 francs d'or. — 4 décembre 1669; expédiées le 12 janvier 1670.

LE VAILLANT. L. P. p. anob. de Guillaume Le Vaillant, d'Orléans, moyennant 300 livres. — 16 janvier

1501; expédiées le 30 septembre même année.

LE VALLOIS. L. P. p. anob. de Jean Le Vallois de Montron, moyennant 1000 livres. — 7 novembre 1576; expédiées le 22 août 1577.

LEVASSEUR. L. P. p. anob. de Mathieu Levasseur, de libre condition. — 1392. Fol. 52.

LE VASSEUR. L. P. p. anob. de Joseph Le Vasseur, bourgeois de Paris, moyennant 240 livres. — 13 mai 1511; expédiées le 29 décembre même année.

LEVASSEUR. L. P. p. anob. de Jean Levasseur. — 1562.

LE VASSEUR. L. P. p. anob. de Thomas Le Vasseur, échevin de Dieppe. — 4 décembre 1649; expédiées le 18 décembre 1651.

LE VASSEUR. L. P. p. érection de la terre et seigneurie de Saint-Vrain en marquisat, en faveur du sieur Nicolas Le Vasseur. — Paris, février 1658; P. 6 juin même année.

LE VASSEUR. L. P. p. anob. de Mathieu Le Vasseur, bourgeois de Paris. — 12 janvier 1660; expédiées le 7 septembre même année.

LEVASSOR DE LA TOUCHE. L. P. P. anob. de François Levassor, sieur de la Touche. — Versailles, décembre 1706; P. 25 janvier 1707? — L. P. p. exception d'anob. du sieur Levassor de la Touche, de la révocation portée par l'édit du mois d'août 1715. — Paris, 26 avril 1721; P. 13 mai même année.

LE VAVASSEUR. L. P. p. anob. de Nicolas Le Vavasseur, sieur de Vouriébre, homme d'armes. — 11 avril 1586; expédiées le 26 août même année.

LEVELU. L. P. p. anob. de François Levelu, de sa femme et de ses enfants. — 1372. Fol. 10.

LEVEQUE. L. P. p. anob. de Jean Lévêque, bourgeois de Soissons. — 1375.

LEVEQUE. l. p. p. anob. de Thomas Lévêque. — 1473. Fol. 113.

LEVEQUE. l. p. p. anob. d'Artus Lévêque, sieur des Marets, conseiller de la maison de la reine, en considération de ses services. — 4 septembre 1643; expédiées le 7 octobre 1644; C. des A., le 17 juin 1646.

LEVEQUE. l. p. p. anob. de Jean Lévêque de Normandie, moyennant 113 livres. — 9 janvier 1446; expédiées le 16 décembre même année.

L'EVEQUE. l. p. p. anob. de Jean L'Evêque, sieur de Pouilly et de Vaudière. — Versailles, septembre 1698; P. 11 décembre même année.

L'EVEQUE. l. p. p. anob. de Raoul L'Evêque, seigneur de Moricourt. — Versailles, février 1698; P. 13 août même année.

L'EVEQUE. l. p. p. anob. du sieur Lévêque. — Versailles, septembre 1754; P. 13 décembre même année.

LE VERRIER. l. p. p. anob. de Jean Le Verrier, premier chirurgien du roi. — 1550.

LEVESIER l. p. p. anob. de Guillaume Levesier, et de sa postérité. — 1369.

LEVESTIN (de). l. p. p. naturalisation à Philippe, comte de Levestin, natif de Verton en Allemagne. — Versailles, mars 1683; P. 25 juin même année

LEVESTIN (de). l. p. p. naturalisation au comte Ernest de Levestin. — Versailles, décembre 1688; P. 5 septembre 1718. — l. p. p. confirmation de celles de naturalisation du mois de décembre 1688 à Jean-Ernest de Levestin. — Paris, juillet 1718; P. 5 septembre même année.

LE VEZIE. l. p. p. anob. de Guillaume Le Vezié, bourgeois de Paris, moyennant 140 écus. — 17 janvier 1367; expédiées le 30 septembre même année.

LEVIANDIER. l. p. p. anob. d'Henri Leviandier. — 1465. Fol. 149.

LE VIAUDIER. l. p. p. anob. d'Henri Le Viaudier, de Nantes, moyennant 320 livres. — 26 septembre 1669; expédiées le 16 février 1670.

LE VIEILLARD. l. p. p. anob. de Nicolas Le Vieillard, dit Calabre, roi d'armes, et de sa postérité. — 1407.

LE VIEL. l. p. p. anob. de Jean Le Viel, d'Orléans, moyennant 88 francs d'or. — 14 mars 1394.

LE VILAIN. l. p. p. anob. de Jean-Jacques Le Vilain, lieutenant particulier des eaux et forêts de Longueville. — 14 février 1646; expédiées le 22 juin même année.

LE VIRGEUR. l. p. p. anob. de Rodolphe Le Virgeur. — 1446. Fol. 110.

LEVIS (de). l. p. p. érection de la terre du Bourg-d'Avesnes en duché pour le duc de Lévis. — Versailles, août 1784; P. 2 août 1785.

LE VOYER. l. p. p. anob. de Jean Le Voyer, bourgeois de Paris. — 1376.

LE VOYER. l. p. p. anob. de Jean Le Voyer, de Tours, moyennant 600 livres. — 10 février 1637; expédiées le 6 novembre même année.

LEVRY. l. p. p. anob. de Jeannette femme de Levry, sergent d'armes. — 1386. Fol. 221.

LEVY (de). l. p. p. érection de la terre et seigneurie de Lévy et autres en duché-pairie, en faveur de Charles-Eugène, marquis de Lévy. — Versailles, février 1723; P. 22 février même année.

LEWESTEIN (de). l. p. p. naturalisation à Sophie, comtesse de Lewestein, épouse du marquis de Dangeau. — Paris, août 1718; P. 16 décembre même année.

LEZARIS DE LENTY DE LA ROVERRE. l. p. p. nationalité à Dom Louis, dom Pierre-Alexandre, dom Frédéric-Marcel et D. Marie-Anne Lezaris de Lenty de la Roverre, frères et sœur, enfants de Louise-Angélique de la Trémouille et de dom Antoine Lenty de la Roverre. — Fontainebleau, septembre 1698; P. 9 novembre même année.

L'HEUREUX. l. p. p. naturalisation à Jean-Ignace L'Heureux, natif de Liége. — Versailles, mai 1740 ; P. 20 mai 1764. — *Voir* Roxécourt.

LHOMME DE LA PINSONNIERE. l. p. p. anob. de Jacques Lhomme de la Pinsonnière. — Versailles, août 1684; P. 26 juin 1685.

LHOPITAL (de). l. p. p. anob. d'André de Lhopital. — 1617.

L'HOPITAL (de). l. p. p. permission au sieur de L'Hôpital d'ajouter à son nom celui de Gallacio et d'accepter les honneurs et dignités affectés au siége de Nido au royaume de Naples. — Versailles, septembre 1748; P. 20 juin 1749.

L'HORLOGE (de). l. p. p. anob. de Philippe de L'Horloge. — 1501.

LHUILE (de). l. p. p. anob. de Bertrand de Lhuile, de sa femme et de ses enfants. — 1371.

L'HUILLIER. l. p. p. anob. du sieur L'Huillier, sieur de la Chapelle. — Paris, février 1655 ; P. 2 août 1683.

LIANCOURT D'ESTISSAC (de). l. p. p. confirmation de l'érection du fief de Bonnetot pour le duc de Liancourt d'Estissac.—Versailles, mai 1787; P. 3 juillet même année.

LIBAUT. l. p. p. anob. de Nicolas Libaut, sieur de la Templerie, de la ville de Nantes, moyennant 1000 livres. — 14 mai 1669; expédiées le 31 décembre même année.

LIBERANT. l. p. p. anob. de Garcie-Anocle Liberant, sieur de Monville, chevau-léger. — 1657.

LIER (de) l. p. p. naturalisation à Otto-Louis-Antoine et Jean-François-Antoine de Lier frères, natifs d'Allemagne. — Paris, mai 1722; P. 17 juillet même année.

LIEUR (le). *Voir* Le Lieur.

LIÈVRE (le). *Voir* Lelièvre.

LIGIER. l. p. p. anob. de Guillaume Ligier. — 1502. Fol. 109.

LIGNIERES (de). l. p. p. union des terres de Mère-Eglise et de Lavoye, et érection d'icelles en marquisat en faveur du sieur de Lignières. — Versailles, novembre 1776; P. 3 décembre même année.

LIGNY DU CHARMEL (de). l. p. p. naturalisation à dame de Ligny du Charmel, épouse du marquis de Beauveau. —Versailles, août 1701 ; P. 30 août même année.

LIMANGE D'ABOSON (de). *Voir* De Lowertheim.

LINGENDES (de). l. p. p. réhabilitation et relief aux sieurs Jean Riquetel, évêque de Sarlat, Antoine, Nicolas, maitre d'hôtel du roi et Charles de Lingendes, conseiller à Moulins, maitre des requêtes de la reine.—1646.

LINGENDES (de). l. p. p. réhabilitation des sieurs Hugues et Charles de Lingendes. — 23 mai 1667.

LIO DALIGE. l. p. p. érection de la terre et seigneurie de Saint-Cyran-sur-Indre en châtellenie, en faveur de Lio Daligé. — Paris, février 1650 ; P. 5 août 1651.

LIONNE (de). l. p. p. érection de la terre et seigneurie de Sernon en comté, en faveur d'Henri de Lionne, seigneur de Sernon. — Saint-Germain, décembre 1681; P. 6 mai 1683.

LIROT. l. p. p. anob. de Pierre Lirot, chirurgien ordinaire du roi, et premier valet de garde-robe de M. le duc d'Orléans. — 1664.

LIS (du). l. p. p. permission à Charles et Luc du Lis d'ajouter les armes de du Lis à celles d'Arc qu'ils ont coutume de porter. — Paris, 25 octobre 1612; P. 18 décembre même année.

LISLE (de). l. p. p. anob. de Nicolas-Anne de Lisle. — Versailles, avril 1761; P. 12 décembre même année.

LISLEMBERG (de). l. p. p. anob. de Girard de Lislemberg, d'Isabelle, sa femme, et de sa postérité. — 1393. Fol. 59.

LISTOLFI. l. p. p. confirmation de noblesse à Constant Listolfi de Mantoue, écuyer de l'écurie du roi. — 1606.

LOCQUENEL. l. p. p. anob. de Jean Locquenel. — 1484. Fol. 124.

LOCRE (de la). *Voir* DE LA LOCRE.

LODIER. L. P. p. anob. de Nicolas Lodier, président à Alençon, moyennant 600 livres. — 9 juin 1653; expédiées le 26 décembre même année.

LOIRE (de la). *Voir* DE LA LOIRE.

LOISEAU DE MONTLEORT. *Voir* BERINGER.

LOISEL. L. P. P. anob. d'Antoine Loisel, avocat au parlement de Paris. — 13 février 1585; expédiées le 16 mai, et enregistrées le 24 mai même année.

LOISEL. L. P. p. anob. de Claude Loisel, président et lieutenant général au bailliage de Senlis, de Philippe, avocat au parlement de Paris, et de Jean, archidiacre à Senlis et aumônier du roi. — Mars 1600; expédiées en décembre même année.

LOISEL LE GAUCHER. L. P. P. anob. de Jean Loisel le Gaucher, sieur de Bontreuil. — Marly, avril 1705; P. 11 mai même année.

LOISSEVAL (de). L. P. p. érection des terres et seigneuries de Casgny en marquisat, sous le nom de Loisseval, en faveur de Cl.-Louis de Loisseval. — Versailles, juillet 1766; P. er 1 septembre même année.

LOMENIE (de). L. P. P. anob. de Guillaume de Loménie, sieur de Faye, maître d'hôtel du roi, en considération de ses services. — 8 décembre 1638; expédiées le 20 mai 1639.

LOMENIL (de). L. P. p. érection de la terre et baronnie de Monbron en comté, en faveur d'Henry-Auguste de Loménil. — Saint-Germain-en-L., octobre 1624; P. 30 décembre 1626.

LONG (le). *Voir* LE LONG.

LONGEVILLE (de). *Voir* PRESSEING.

LONGUEIL (de). L. P. p. union de terre, fiefs et seigneurie à celle de Maisons, près Paris, et érection d'icelle en marquisat, en faveur des sieurs de Longueil, père et fils. — Paris, octobre 1658; P. 7 février 1659.

LONGUEVAL (de). L. P. p. anob. de François de Longueval, pour services rendus à la guerre. — 16 juin 1603; expédiées le 4 février 1604.

LONGUEVAL (de). L. P. p. naturalisation à David de Longueval, natif du diocèse de Cambrai en Hainaut. — Saint-Germain-en-L., mars 1643; P. 9 juin 1644.

LORAIN. L. P. p. anob. de Jean-Baptiste Lorain, de Rouen, moyennant une finance de 600 livres. — 22 mars 1671; expédiées le 14 novembre même année.

LORATOIRE (de). L. P. p. confirmation par le duc de Berry de la noblesse de Bernard de Loratoire, de Montpellier. — 4 avril 1403. Fol. 120.

LORIDO (de). L. P. p. anob. de Ferdinand de Lorido, sieur du Mesnil, de Nantes, moyennant 1000 livres. — 2 mai 1669; expédiées le 30 décembre même année.

LORIER (le). *Voir* LE LORIER.

LORIGET. L. P. p. anob. de Jean Loriget, sieur de la Faye. — Saint-Germain, décembre 1674; P. 29 mars 1675.

LORIGLAS. L. P. p. anob. de Jean Loriglas, sieur de Terlu, conseiller au bailliage de Saint-Sauveur-Landelin. — 6 novembre 1652; expédiées le 14 mars 1654.

LORME (de). L. P. p. anob. de Simon de Lorme. — Versailles, septembre 1745; P. 1er août 1746.

LOSSE (de). L. P. p. naturalisation et anob. de Dominique de Losse, sieur de la Touche, Italien. — 1606.

LOT (de). L. P. p. anob. de Jean de Lot. — 1660.

LOTIN. L. P. p. anob. de Robert Lotin, licencié ès-lois, et sa postérité. — 1397.

LOUAN (de). L. P. p. confirmation de noblesse à Méry de Louan. — 25 novembre 1607; enregistrées le 20 décembre même année. C. des A.

LOUDE (de la). *Voir* DE LA LOUDE.

LOUET. l. p. p. anob. de Jacquelin Louet, de sa femme et de sa postérité, de libre condition. — 1400.

LOUET. l. p. p. anob. de Daniel Louet et de ses enfants mâles et femelles, nés et à naître en légitime mariage. — Fontainebleau, 1595. — l. p. p. mandement pour l'enregistrement de celles du mois de mars 1595, portant anob. de feu Daniel Louet. — ... mai 1670; P. 16 juin même année.

LOUET. l. p. p. anob. de Christ Louet, gentilhomme ordinaire de la chambre du roi, en considération de 45 ans de services. — 11 août 1618; enregistrées le 18 juin 1619. C. des A.

LOUET. l. p. p. confirmation du titre de châtellenie de la terre et châtellenie de Launay-Louresse, en faveur de Marie-Françoise Louet, veuve du sieur Lebel de la Jallière.—Versailles, août 1730; P. 14 juin 1736.

LOUETTE (de la). *Voir* De la Louette.

LOUHE (de). l. p. p. anob. des sieurs Claude-Joseph et Arnaud de Louhé, frères, en considération de leurs services. — 8 octobre 1609; C. des A., 12 février 1610.

LOURSIER. l. p. p. anob. de Jean Loursier, de Soissons, sergent d'armes du roi. — 1374. Fol. 128.

LOUVENCOURT (de). l. p. p. anob. d'Antoine de Louvencourt, sieur de Bertincourt, pour services à la guerre. — 9 juin 1586; expédiées le 22 août 1587, enregistrées le 17 octobre même année.

LOUVENCOURT (de). l. p. p. anob. de Jacqueline de Louvencourt, veuve de Nicolas Dubos. — 1611.

LOWERTHEIM-VERTHEIM (de). l. p. p. naturalisation à Théodore-Alexandre de Lowertheim-Vertheim et à dame Catherine-Louise-Eléonore comtesse de Linange d'Aboson, son épouse, natifs de Laybach et leurs enfants. — Versailles, décembre 1715; P. 28 juin 1755.

LOY. l. p. p. anob. de Marc-François Loy. — Paris, décembre 1720; P. 30 décembre même année.

LOYAUTE (de la). *Voir* De la Loyauté.

LOYPEL. l. p. p. anob. du sieur Loypel. — Paris, avril 1717; P. 8 juin même année.

LOZE. l. p. p. anob. de Laurent Loze. —Versailles, septembre 1705; P. 25 février 1706.

LOZIER (le). *Voir* Le Lozier.

LUBACE (de). l. p. p. naturalisation aux enfants du comte de Lubace, oncle du roi.—Versailles, octobre 1781; P. 27 novembre même année.

LUCAS. l. p. p. anob. de Simon Lucas, secrétaire du duc d'Orléans, et de sa postérité. — 1387.

LUCAS. l. p. p. anob. de Thomas Lucas, payeur des gages du parlement de Rouen. — 9 mars 1650; expédiées le 17 juillet 1651.

LUCE (de). l. p. p. natural. à Félix de Lucé, natif de Rome.—Fontainebleau, juin 1625; P. 19 juillet même année.

LUGILBERT. l. p. p. anob. de Jacques Lugilbert. — 1320.

LUGLES LUGLIEU DE LA VILLETTE. l. p. p. anob. d'Edouard Lugles Luglieu de la Villette.—Compiègne, août 1757; P. 26 août même année.

LUILLIER. l. p. p. anob. sur lettres patentes enregistrées et présentées par Jacques Luillier et ses enfants, avec autres lettres pour eux et leur postérité. — 1683.

LUIZER DE FROUGEA. l. p. p. permission à Charles Luizer de Frougea de porter le titre de chevalier et la couronne de comte dans ses armoiries. —Versailles, février 1750; P. 4 février même année.

LUKER. l. p. p. naturalisation et maintenue de noblesse à Nicolas Luker, natif d'Irlande. — Paris, mai 1717; P. 11 mai même année.

LUMAGNE. l. p. p. anob. d'André Lumagne, bourgeois de Paris, moyennant 600 livres. — 9 août 1603; C. des A., 25 février 1604.

LUMAGNE. l. p. p. déclaration que Marc-Antoine, Barthélemy et Charles

Lumagne, et Paul Masserany sont issus de noble race. — Fontainebleau, juin 1635; P. 12 décembre même année.

LUPPE (de). *Voir* MACQUERON.

LUTE (de). L. P. p. réhabilitation à Armand de Lute, à cause du trafic de son père et aïeul. — Mai 1604.

LUTHIER. L. P. p. confirmation de noblesse à Claude-Pierre Luthier. — Paris, 10 juin 1719; P. 7 août 1722.

LUXE (de). L. P. p. érection de la terre de Châtillon-sur-Loing en duché, en faveur du comte de Luxe. — Versailles, février 1696; P. 3 mars même année.

LUXEMBOURG (de). L. P. p. anob. de Simon de Luxembourg, en considération de ses services. — 7 janvier 1441; expédiées le 22 octobre même année.

M

MAAN. L. P. p. anob. de Roland Maan, sieur de la Perrine. — 1585.

MABLET (de). L. P. p. anob. de Gilles de Mablet, valet de chambre du roi, et de sa postérité. — 1365. Fol. 24 et 129.

MAC-MAHON. L. P. p. reconnaissance et maintenue de noblesse à Jean Mac-Mahon, natif de Limerick, en Irlande. — Versailles, 23 juin 1750; P. 4 septembre même année.

MAC-MAHON DE LEADMORE. L. P. p. noblesse pour le sieur Mac-Mahon de Leadmore, Irlandais. — Versailles, mai 1785; P. 26 juillet même année.

MACARTHY. L. P. p. reconnaissance et maintenue de noblesse à Denis Macarthy. — Compiègne, 4 août 1769; P. 26 août même année.

MACER (de). L. P. p. anob. de Jacques de Macer. — 1377.

MACET (le). *Voir* LE MACET.

MACHALLET. L. P. p. naturalisation à Jacques Machallet, natif d'Italie. — Paris, décembre 1717; P. 18 mars 1719.

MACHAULT (de). L. P. p. anob. de Jean de Machault, notaire du roi, de Prudence, sa femme, et de leur postérité. — 1373. Fol. 113.

MACHAULT (de). L. P. p. anob. de Jean de Machault. — 1497. Fol. 12.

MACHAULT (de). L. P. p. union de terre à celles d'Arnouville, et érection d'icelles en comté sous le nom d'Arnouville, en faveur du sieur de Machault. — Versailles, avril 1757; P. 11 mai même année.

MACON (de). L. P. p. anob. de Josserand de Macon et d'Isabelle, sa femme, avec leurs enfants. — 1351. Fol. 42.

MACQUERON. L. P. p. anob. de Joseph et Marie-Anne Macqueron et de Marie de Luppe, leur mère. — Saint-Germain, février 1671; P. 10 juillet même année.

MACREUX. L. P. p. anob. de Jean Macreux, de Paris. — 1392. Fol. 48.

MADRE. L. P. p. anob. de Rodolphe Madre. — 1512. Fol. 148.

MADRID DE MONTAIGLE. L. P. p. mandement pour l'enregistrement de celles du mois de janvier 1665 portant naturalisation et maintenue de noblesse à François Madrid de Montaigle, nonobstant leur surannation, en faveur de Philippe-François et de

Jean-François de Madrid de Montaigle, ses arrière-petits-fils. — Versailles, 25 janvier 1775; P. 13 février même année.

MAGES (de). L. P. p. union des terres de Coullogne et Villodé, en faveur de René de Mages. — Versailles, mars 1685; P. 23 mars même année.

MAGNEUX. L. P. p. anob. de François Magneux. — Marly, février 1731; P. 2 mars même année.

MAGNYEL. L. P. p. anob. de Louis Magnyel. — Versailles, décembre 1705; P. 8 juin 1706.

MAHAULT (de). L. P. p. anob. de Jean de Mahault, sieur de Tierceville et du Mesnil, vicomté de Gisors, moyennant 1000 livres. — 2 mai 1574; expédiées le 18 août 1576, et enregistrées le 6 septembre même année.

MAHAULT (de). L. P. p. anob. de Nicolas-Marie, Nicolas Miran et L.-Nicolas-Joseph de Mahault, fils et petits-fils de Gabriel-Nicolas de Mahault. — Versailles, mars 1776; P. 10 juillet même année.

MAHAUT (de). L. P. p. anob. de Jean de Mahaut, sieur de Jeugeville, moyennant 3000 livres. — 1574. Fol. 363.

MAI (de). L. P. p. anob. de Salomon de Mai, sieur d'Aulnay-aux-Planches. — Versailles, février 1702; P. 23 janvier 1703.

MAIGNAULT. L. P. p. anob. de Jean Maignault. — 1702.

MAIGNEN. L. P. p. anob. de Jean Maignen, sieur des Places. — Marly, juin 1702; P. 20 août même année.

MAILLARD. L. P. p. anob. des sieurs Jean et Charles Maillard, frères, bourgeois de Paris, moyennant 100 francs d'or chacun. — 16 avril 1372; expédiées le 1er décembre même année.

MAILLARD. L. P. p. anob. de Jean-Pierre Maillard. — Camp d'Hamal, septembre 1747; P. 2 mars 1748.

MAILLE (de). L. P. p. érection de la terre, seigneurie et châtellenie de la Flaulierre, et dépendances, en marquisat, en faveur de Jacques de Maillé, de Brézé. — Paris, novembre 1616; P. 17 mars 1629.

MAILLERAY (de). L. P. p. anob. d'André de Mailleray. — 1638.

MAILLET. L. P. p. anob. de Claude-Joseph Maillet, avocat à Saint-Lô. — 12 septembre 1651; expédiées le 19 mai 1652.

MAILLET. L. P. p. anob. de Jean Maillet, sieur d'Ouville et de Fricandel, moyennant 500 livres. — 6 octobre 1522; expédiées le 9 août 1523.

MAILLOT. L. P. p. anob. de Jean-Baptiste Maillot, sieur de Rouvrage, à Orbec. — 2 avril 1657; expédiées le 27 juin 1659.

MAILLY. L. P. p. anob. d'André Mailly, sieur du Breuil. — Versailles, juillet 1700; P. 31 août même année.

MAILLY (de). L. P. p. maintenue du sieur de Mailly au titre de marquis de Montcaurel. — Versailles, ... 1687; P. 14 avril 1690.

MAILLY (de). L. P. p. anob. de Jean-Baptiste de Mailly, sieur de Frouville. — Versailles, mai 1700; P. 26 août même année.

MAILLY (de). L. P. p. union des terres, baronnies et vicomté d'Ennery, Mouchy, La Gache et Roy-Eglise à la terre et marquisat de Nesle, en faveur de Louis, marquis de Mailly, de Nesle. — Versailles, avril 1704; P. 8 juillet même année.

MAILLY. L. P. p. confirmation de noblesse, et en tant que besoin nouvel anob. de Nicolas de Mailly, sieur de Charnaut. — Versailles, mai 1704; P. 3 juin même année.

MAILLY (de). L. P. p. union des terres et seigneuries de Mailly et autres, et érection d'icelles en marquisat, sous le nom de Mailly, en faveur de Victor-Alexandre de Mailly. — Versailles, janvier 1729; P. 9 août même année.

MAILLY (de). L. P. p. don du duché-pairie de Châteauroux à M.-Anne de Mailly, veuve du marquis de la Tournelle. — Versailles, décembre 1743; P. 27 avril 1744.

MAILLY (de). L. P. p. union et érection de terres en comté, sous le nom de Mailly, en faveur de Joseph-Auguste de Mailly, marquis d'Aumont. — Versailles, janvier 1744; P. 12 février même année.

MAINIER. L. P. p. affranchissement et anob. de Robert Mainier. — 1354. Fol. 74.

MAINTENON (de). L. P. p. confirmation des dons de plusieurs terres, rivières et fiefs à la dame de Maintenon, union de tous, et érection en marquisat sous le titre de Maintenon. — Versailles, mai 1688; P. 23 août même année.

MAIRE (le). *Voir* Le Maire.

MAISNIEL (du). L. P. p. maintenue de noblesse à Pierre du Maisniel. — Marly, 6 juin 1761; P. 14 décembre même année.

MAISONNEUVE (de la). *Voir* De la Maisonneuve.

MAITRE (de). L. P. p. érection de la baronnie de Vaujours, en faveur de Jean-Armand-Philippe de Maitre. — Versailles, mai 1763; P. 10 février 1764.

MAITRE (le). *Voir* Le Maitre.

MALAISE (de). L. P. p. anob. d'Adrien de Malaise de Saint-Léger. — Saint-Germain, mars 1676; P. 18 juin 1715. — L. P. p. mandement pour l'enregistrement de celles du mois de mars 1676, portant anob. d'Adrien Malaise, sieur de Saint-Léger. — Versailles, 23 février 1715; P. 18 juin même année.

MALEPINE (de). L. P. p. anob. de Gérard de Malepine. — 1371.

MALHIC. L. P. p. anob. de Guy Malhic, du diocèse d'Evreux, et de sa postérité. — 1397.

MALICORNE (de). L. P. p. anob. de Jean de Malicorne, d'Abbeville, moyennant 100 francs d'or. — 12 mars 1387. Fol. 11; expédiées le 28 décembre même année.

MALIGNAC. L. P. p. anob. de Jean Malignac, dit Macinier. — 1373. Fol. 112.

MALINGRE. L. P. p. réhabilitation pour trafic de Nicolas Malingre, moyennant 500 livres. — 15 mars 1572; expédiées à la chambre des Comptes le 7 mars; C. des A. 22 mai même année.

MALLE (de). L. P. p. anob. de Nicolas de Malle. — 1613.

MALLET. L. P. p. anob. de Gilles Mallet, courrier du roi et héraut de Bertrand Du Guesclin, connétable de France. — 1374.

MALLET. L. P. p. anob. d'Armand-Claude Mallet. — Paris, janvier 1722; P. 9 février même année.

MALLET DE MAISON-PRE. L. P. p. anob. de Charles Mallet de Maison-Pré. — ... 1777; P. 29 juillet 1778.

MALMAINS. L. P. p. anob. de Louis Malmains. — 1706.

MALON DE BERCY. L. P. p. confirmation de l'érection contenue en celles du mois de décembre 1619 de la terre et seigneurie du bourg de Charenton en châtellenie, en faveur du sieur Malon de Bercy. — Compiègne, juin 1728; P. 7 mai 1729.

MALORE (de). L. P. p. permission à Gabriel-René de Maloré, sieur de Glatigny, de prendre les noms et armes de Belrieux. — Paris, mars 1721; P. 10 mars 1723.

MALVAL (de). L. P. p. anob. d'Evrard de Malval. — 1578. Fol. 265.

MALVENDE (de). L. P. p. maintenue de noblesse à Louis-François et Guy de Malvende, enfants de Louis de Malvende. — Fontainebleau, 10 novembre 1732; P. 1er février 1733.

MAMMALER. L. P. p. anob. d'Adrien Mammaler. — Paris, mars 1621; P. 27 août 1622.

MANCHE. L. P. p. anob. de François Manche. — 1697.

MANGOT. L. P. p. anob. de Claude Mangot. — 1556. Fol. 170.

MANISSIER. L. P. p. anob. de Jean Manissier, bourgeois de Troyes. — 1371. Fol. 125.

MANQUE. l. p. p. anob. de Guérin Manque. — 1509. Fol. 306.

MANSARD. l. p. p. anob. de César Mansard, sieur de Raulesnis. — 22 mai 1640 ; expédiées le 29 novembre même année.

MANSART. l. p. p. anob. d'Hardouin Mansart. — Versailles, septembre 1682; P. 7 juillet 1683.

MANSUET GRAILLET. l. p. p. anob. pour le sieur Mansuet Graillet. — Versailles, janvier 1785 ; P. 29 juillet même année.

MANTEL. l. p. p. anob. de Jean Mantel. — 1441.

MANTO. l. p. p. anob. d'Henri Manto, secrétaire du roi. — 1389.

MAQUERET. l. p. p. anob. de Thomas Maqueret et de sa postérité. — 1397. Fol. 83.

MARBRAY. l. p. p. anob. d'Henri Marbray, bourgeois de Caen, moyennant 600 livres.— 8 mai 1593 ; expédiées le 10 juillet même année.

MARC. l. p. p. anob. de Jean Marc.— 1310.

MARCADE. l. p. p. anob. de Jacques Marcadé, valet de chambre du roi.— 21 février 1370; expédiées le 30 décembre même année.

MARCEL. l. p. p. anob. de Béatrix Marcel, fille d'Etienne et femme de noble Pierre Bernardin, en considération des services rendus par ledit Etienne, son père. — 12 mai 1372; expédiées le 4 janvier 1373.

MARCHAND. l. p. p. anob. de Jeanne Marchand, femme de Jean Marchand. — 1384. Fol. 211.

MARCHAND. l. p. p. anob. de Mathieu Marchand. — 1510. Fol. 333.

MARCHE (la). Voir Lamarche.

MARCHOINE. l. p. p. déclaration sur la noblesse de Jean Marchoine, dit Le Chesne, pour avoir fait le trafic.— 1555. Fol. 80.

MARCK (de la). Voir De la Mark.

MARCOIS. l. p. p. anob. de Joseph Marcois. — Versailles, juin 1764 ; P. 16 juillet même année.

MARECHAL. l. p. p. anob. de Jean Marechal de Sezanne, d'Elisabeth sa femme, et de leur postérité, moyennant 100 francs d'or. — 12 mai 1367; expédiées le 16 décembre même année.

MARECHAL. l. p. p. anob. de Jacques Maréchal, procureur du roi en la prévôté de l'hôtel. — 1682.

MARECHAL. l. p. p. anob. de Jacques Maréchal.—Nantes, août 1626; P. 15 décembre même année.

MARECHAL. l. p. p. anob. de Georges Maréchal. — Versailles, septembre 1707; P. 3 avril 1708.

MARECHAL. l. p. p. confirmation de maintenue de noblesse à Georges-Louis Maréchal. — Versailles, juin 1743 ; P. 2 mars 1744.

MARECHAL (le). Voir Le Maréchal.

MARESCOT. l. p. p. anob. de Jean Marescot, bourgeois d'Orléans. — 1430. Fol. 113.

MARESCOT. l. p. p. anob. de Michel Marescot, médecin ordinaire du roi. — 1596.

MARESCOT. l. p. p. anob. des sieurs Guillaume, Philippe et Germain Marescot, avec faculté de changer leurs armes. — Mars 1596; C. des A. les 25 et 15 avril 1603.

MAREST. l. p. p. anob. de François Marest, quartenier et capitaine de Lisieux. — 15 septembre 1643; expédiées le 6 novembre même année.

MARET (de). l. p. p. anob. de Jean Maret, clerc de la chambre des Monnaies. — 1393. Fol. 73 et 93.

MARETS (des). Voir Des Marêts.

MARETZ (des). l. p. p. confirmation de noblesse à Nicolas des Maretz. — Versailles, février 1711; P. 17 avril même année.

MARETZ (des). l. p. p. union de justices et offices, en faveur du sieur des Maretz, marquis de Maillebois. — Versailles, 22 novembre 1711; P. 11 mai 1712.

MAREUIL (de). L. P. p. confirmation de noblesse pour Pierre et Jean de Mareuil, fils de Guy de Mareuil. — Paris; 12 septembre 1654; P. 9 juin 1657.

MARG (de). L. P. p. anob. de G. ... Marg, femme séparée de Jacques ... flys. — 1668.

MARGANTIER. L. P. p. anob. des sieurs François et Adrien Margantier, sieurs de Lacombe, frères. — 14 novembre 1674.

MARGE. L. P. p. anob. de Pierre Marge de Mornay, à charge de payer 35 livres au curé de Mornay.— 17 octobre 1547; expédiées le 28 décembre même année.

MARGUERIE. L. P. p. anob. de Philippe Marguerie, receveur des tailles de Falaise, seigneur du fief de Rau, moyennant 500 écus à 45 sols pièce. — 2 septembre 1543; expédiées le 5 octobre même année.

MARGUEURE. L. P. p. anob. de François Margueure, inspecteur général des domaines, moyennant une aumône de 50 livres. — 1730.

MARIE. L. P. p. anob. de Jean Marie et de Guillaume, son fils naturel légitimé. — 1389.

MARIE. L. P. p. anob. de Thomas Marie, lieutenant général à Auxerre. — 1662.

MARIE. L. P. p. confirmation de noblesse au sieur Thomas Marie, écuyer, seigneur baron d'Avignon. — Saint-Germain, mars 1667; P. 18 avril même année.

MARIE. L. P. p. anob. de Jean Marie, sieur de Verpré. — Versailles, juillet 1698; P. 1er février 1701.

MARIE DE CHAMPEREUX. L. P. p. anob. de François Marié de Champereux. — Versailles, août 1697; P. 17 janvier 1698.

MARIGNY (de). L. P. p. confirmation de l'ancienne érection et nouvelle érection du marquisat de Menars, en faveur du marquis de Marigny. — Compiègne, août 1769; P. 23 février 1770.

MARIGORT DE BEAUVAL (de). L. P. p. anob. de Marie-Jean-François-Hyacinthe de Marigort de Beauval. — Compiègne, août 1769; P. 8 mai 1770.

MARIN BUTTER. L. P. p. anob. de Marin Butter.—Versailles, août 1730; P. 29 août 1739.

MARINI. L. P. p. naturalisation à François-Joseph-Nicolas-Antoine Marini, Napolitain.—Paris, mars 1721; P. 5 avril même année.

MARINIAC (de). L. P. p. anob. de Jean de Mariniac, licencié en droit, de Jeanne, sa femme, et de sa postérité.— 1402.

MARINIER (le). *Voir* LE MARINIER.

MARION. L. P. p. anob. du sieur Marion et sa postérité mâle et femelle. — ... janvier 1583; P. 9 août 1584.

MARION. L. P. p. maintenue du sieur Antoine Marion dans la noblesse nonobstant la perte de ses titres.— Fontainebleau, septembre 1678; P. 13 février 1679.

MARIUS. L. P. p. anob. de M. Thomas Marius.— Paris, décembre 1660; P. 20 mai 1661.

MARNE (de). L. P. p. anob. de Jean de Marne. — 1654.

MAROLLES (de). L. P. p. anob. des sieurs Henri et Charles de Marolles. — 1651.

MAROLLES (de). L. P. p. union des terres et seigneuries d'Aulnay, la Rivière, Chelnan et autres, et érection d'icelles en comté, sous le nom de Rocheplatte, en faveur de Pierre de Marolles. — Chantilly, juillet 1724; P. 16 juin 1725.

MAROT. L. P. p. naturalisation à François Marot, natif de la ville de Ligny, en Barrois.— Paris, 25 septembre 1614; P. 9 février 1615.

MARPON. L. P. p. anob. de François-Jean-Baptiste Marpon. — 1675.

MARQUE (de la). *Voir* DE LAMARQUE.

MARQUART. l. p. p. naturalisation à Jean-Baptiste Marquart, natif de Bruxelles. — Marly, janvier 1726; P. 27 février même année.

MARQUET. l. p. p. maintenue et confirmation de noblesse à Maurice Marquet. — Versailles, 9 juin 1742; P. 15 mars 1743.

MARQUETTE. l. p. p. anob. de Michel Marquette.— Versailles, septembre 1707; P. 30 janvier 1708.

MARQUEZE. l. p. p. naturalisation au comte Marqueze.—Versailles, avril 1715; P. 22 mai même année.

MARRE (de la). Voir De la Marre.

MARRIER. l. p. p. anob. du sieur Marrier.—Versailles, août 1781; P. 2 juillet 1782.

MARSAULT. l. p. p. anob. de Jean Marsault, sieur de la Braure.—Paris, décembre 1654.

MARSAULT. l. p. p. confirmation de l'ancienne noblesse de Jean Marsault, sieur de la Braure, en faveur de Louis Marsault, sieur de la Cailletière. — Versailles, avril 1683; P. 23 août même année.

MARSEILLE. l. p. p. anob. de Jean Marseille. — Saint-Germain, avril 1676.

MARTE (de). l. p. p. anob. de Louis de Marte.— 1375.

MARTELLIERE (de la). Voir De La MARTELLIÈRE.

MARTIAL. l. p. p. anob. de Jean Martial. — 1673.

MARTIN. l. p. p. anob. de Jean Martin, sergent d'armes du roi, et de sa postérité. — 1387. Fol. 10.

MARTIN. l. p. p. anob. de Pierre Martin, fourrier du roi. — 1404.

MARTIN. l. p. p. anob. de Guillaume Martin, avocat à Senlis. — 1553. Fol. 133.

MARTIN. l. p. p. anob. de Pierre-René Martin, de Senlis. — 1577. Fol. 143.

MARTIN. l. p. p. anob. de Jacques Martin, capitaine de marine.— 1625.

MARTIN. l. p. p. anob. de Jean Martin, premier brigadier des gardes du corps. — 1673.

MARTIN. l. p. p. maintenue et confirmation de noblesse à Charles Martin, sieur du Monnoy, écuyer. — 1674.

MARTIN. l. p. p. anob. de François Martin. — Versailles, février 1692; P. 23 décembre 1699.

MARTIN. l. p. p. anob. de François Martin. — 1700.

MARTIN. l. p. p. anob. de Jean-Claude Martin, sieur de Lazillier.—Versailles, mars 1713; P. 6 mai même année.

MARTIN. l. p. p. anob. de Charles Martin, sieur de Valendré.--Versailles, novembre 1714; P. 21 novembre 1715.

MARTIN DIRON. l. p. p. confirmation de l'érection en marquisat de la terre et seigneurie de la Motte-Saint-Heraye, en faveur de Jean-Baptiste Martin Diron.—Versailles, décembre 1723; P. 6 mai 1727.

MARTINEAU. l. p. p. anob. de Pierre Martineau, sieur du Bouchet.— Fontainebleau, octobre 1698; P. 5 février 1699.

MARTINIERE(de).l.p.p. maintenue de noblesse et en tant que besoin nouvel anob. aux sieurs Gilbert, Jacques et Louis de Martinière. — 1679.

MARTINY. l. p. p. confirmation de noblesse à Louis-Jean-François, Joseph et Jacques Martiny. — Fontainebleau, septembre 1714; P. 14 décembre même année.

MARTON. l. p. p. maintenue et confirmation de noblesse à Antoine Marton. — 1677.

MASCARY(de). l. p. p. anob. de Claude, Cl. François, Pierre-Jacques, J.-François, Antoine-François et Nic. Joseph de Mascary.—Versailles, juillet 1742; P. 12 février 1743.

MASCON (de). l. p. p. anob. de Jean de Mascon, fils de Guy, sergent d'armes, et de sa postérité. — Novembre 1365.

MASSERANY.l.p.p. déclaration qu'Alexandre, François et Barthélemy Masserany sont issus de noble race.—Fontainebleau, juin 1635; P. 22 décembre même année.

MASSERANY. L. P. p. érection de la terre de Paroy en marquisat, en faveur de François Masserany, seigneur de Paroy.—Versailles, juin 1685; P. 21 juin 1686.

MASSERANY. *Voir* Lusagne.

MASSIEU. L. P. p. anob. de Michel-Antoine Massieu.—Versailles, décembre 1776; P. 6 mars 1777.

MASSON. L. P. p. confirmation et nouvelle érection de la terre de Nicolay en comté, en faveur d'Antoine Masson.—Versailles, ... 1742; P. 29 décembre 1745.

MASSON DE MESLAY. L. P. p. union des terres et justices du Bois de Mipvoy au comté de Meslay, en faveur d'Antoine-Lambert Masson de Meslay. — Versailles, avril 1767; P. 26 février 1768.

MASURIER (le). *Voir* Le Masurier.

MASY (de). L. P. p. érection de la terre de Cormeré en baronnie, en faveur de Louis-Guillaume de Masy. — Compiègne, août 1749; P. 30 mai 1750.

MATHAN (de). L. P. p. union de fiefs à la terre et baronnie d'Auffay-Mathan, en faveur de Daniel-Louis de Mathan. — Versailles, mars 1773; P. 10 janvier 1774.

MATHAREL. L. P. p. confirmation de noblesse à Antoine Matharel, sieur de la Martre.—Versailles, décembre 1699, P. 24 avril 1700.

MATHAS (de). L. P. p. anob. de Béranger de Mathas, de Rennes. — 6 mai 1369; expédiées le 16 septembre même année.

MATHENON (de). L. P. p. anob. de Jean de Mathenon. — Versailles, septembre 1696; P. 11 mars 1697.

MATHIEU. L. P. p. anob. de Jean Mathieu, seigneur, fils de Robert de Craponne. — 1416.

MATHIEU (de). L. P. p. anob. de Jacques de Mathieu, lieutenant général de la Tour d'Auvergne, pour services par lui rendus. — 14 juillet 1628; expédiées le 22 février 1629.

MATHIEU. L. P. p. anob. du sieur Mathieu, maître de musique de la Chapelle du roi. —Versailles, février 1788; P. 8 avril même année.

MATHON. L. P. p. rétablissement dans sa noblesse et en tant que besoin nouvel anob. de Guillaume Mathon. — Versailles, août 1696; P. 22 février 1697. — L. P. p. exception de la confirmation de noblesse et nouvel anob. contenue ès-lettres patentes du mois d'août 1696, à Guillaume Mathon, de la révocation portée en l'édit d'août 1715, en faveur de Guillaume Mathon, son fils. — Versailles, 22 mars 1734; P. 25 février 1735.

MATHORON. L. P. p. anob. de Jean Mathoron. — 1697.

MATIGNON. L. P. p. anob. de Jean Matignon.—14 avril 1671; expédiées le 6 décembre même année.

MATURAZZI. L. P. p. naturalisation à François Maturazzi, natif de Milan. — Versailles, ... 1722; P. 15 mars 1723.

MAUGARD. L. P. p. anob. d'Étienne Maugard, maître d'hôtel du roi. — 1655.

MAUGART. L. P. p. anob. de Pierre Maugart et de sa postérité. — 1407. Fol. 171.

MAUGAS. L. P. p. déclaration de noblesse de François Maugas, sieur de la Pilleterie. — 1658.

MAUGER. L. P. p. anob. de Guillaume Mauger. — Compiègne, août 1773; P. 19 mars 1774.

MAUGIN. L. P. p. anob. du sieur Maugin, de Trèves, de sa femme et de ses enfants. — 1417. Fol. 85.

MAULE (de). L. P. p. anob. de Jean de Maule et de sa femme. — 1388.

MAULX (de). L. P. p. anob. d'Henri de Maulx, audiencier et secrétaire du roi, de Jeanne, sa femme, et de ses enfants. — 1394. Fol. 64.

MAULX (de). L. P. p. anob. de Guillaume de Maulx. — 1538.

MAUMONT (de). L. P. p. don du comté

de Beaumont-le-Roger à Guy de Maumont et Jeanne, bâtarde d'Alençon, sa femme. — Montif-les-Tours, 16 novembre 1469; P. 12 juillet 1474.

MAUPEOU (de). L. P. P. anob. de Pierre Maupeou, sieur de Nouveaux, de Michel et Gilles, ses frères. — 12 janvier 1587; expédiées et enregistrées le 17 janvier même année.

MAUPEOU (de). L. P. P. érection de la terre et seigneurie de la Pérade en châtellenie, en faveur du sieur de Maupeou. — Paris, avril 1653; P. 19 avril même année.

MAUPEOU (de). L. P. P. érection de la terre et seigneurie de Bruyères en vicomté, en faveur du sieur de Maupeou. —Péronne, septembre 1657; P. 4 septembre même année.

MAUPEOU (de). L. P. P. érection des terres et seigneuries d'Ableiges et la Villeneuve-Saint-Martin en châtellenie, en faveur du sieur de Maupeou. — Paris, février 1671; P. 17 février même année.

MAUPEOU (de). L. P. P. érection de la terre et seigneurie d'Ableiges et autres y réunies en comté, en faveur du sieur de Maupeou. — Versailles, décembre 1691; P. 12 mars 1692.

MAUPEOU (de). L. P. P. union des terres et seigneuries de la Motte de Baussay, de Reux, etc., et érection d'icelles en marquisat, en faveur de René-Nicolas-Charles-Augustin de Maupeou.—Compiègne, juillet 1767; P. 13 août même année.

MAUPERTUIS (de). L. P. P. anob. de Nicolas de Maupertuis. — 4 août 1400; expédiées le 6 mars 1401.

MAURA (de). L. P. P. anob. de Bernard de Maura, d'Orléans, moyennant finance. — 4 décembre 1369; expédiées le 24 novembre 1370.

MAURESPECT (de). L. P. P. anob. de Nicolas de Maurespect, sergent d'armes du roi. — 1373. Fol. 122.

MAURICE (de). L. P. P. anob. de Germain de Maurice, de Toulouse, pour services militaires. — 6 août 1350; expédiées le 3 novembre même année.

MAURICE. L. P. P. anob. de Nicolas Maurice et de sa postérité, moyennant finance. — 1364. Fol. 5.

MAURICET. L. P. P. anob. de Pierre-Félicité Mauricet.—Versailles, juillet 1775; P. 29 août 1777.

MAUVAIS (le). *Voir* LE MAUVAIS.

MAY (de). L. P. P. anob. de Lancelot de May, sieur de Damery. — 1585.

MAY (de). L. P. P. anob. de Jean de May, sieur de Lavergne. — 1645.

MAY (de). *Voir* MAI (de).

MAY DE CLAREMBAULT (de). L. P. P. anob. de Claude de May de Clarembault.—14 juillet 1446; expédiées le 8 janvier 1447.

MAYAUD DE BOIS-LAMBERT. L. P. qui exceptent de la révocation portée par l'édit de 1715 les lettres de noblesse des sieurs Mayaud de Bois-Lambert, données en 1690. — Versailles, avril 1784; P. 15 février 1788.

MAYEUL. L. P. P. anob. de Jacques Mayeul, moyennant une aumône de 50 livres. — 1692.

MAYEUR. L. P. P. permission au sieur Mayeur de changer ledit nom en celui de Mussey, et d'écarteler les armes de son père. — Versailles, avril 1776; P. 15 juin même année.

MAYNET. L. P. P. anob. de David Maynet, capitaine en chef de Dieppe. — 23 décembre 1592; expédiées le 25 mars 1593.

MAYRAT (le). *Voir* L'EPINETTE.

MAZARINI. L. P. P. naturalisation au cardinal Mazarini. — Paris, octobre 1643; P. 30 mars 1654.

MAZUAN. L. P. P. anob. de Marc-Antoine Mazuan. — 1610.

MAZURIER (le). *Voir* LE MAZURIER.

MECHINET. L. P. P. anob. de Jean Méchinet, sieur de Raffart. — 1610.

MECION. L. P. P. érection du marquisat de Turbilly, en faveur de François-

Henri de Mexion. — Versailles, mai 1750 ; P. 19 février 1751.

MEDAILLAN DE LESPARRE (de). L. P. p. érection de la baronnie de Mercœur en principauté, en faveur du sieur de Médaillan de Lesparre, comte de Lassay. — Paris, mai 1719 ; P. 16 juin même année.

MEDAILLANT (de). L. P. p. union des terres de Boisfroust, Le Goys et Lamboux à la seigneurie de Cussay, en faveur du sieur de Médaillant. — Paris, août 1647 ; P. 7 septembre 1649.

MEDICI (de). L. P. p. anob. de Jean de Medici, de Sens, et d'Isabelle sa femme. — 1373.

MEGRIGNY. L. P. p. érection des baronnies de la Villeneuve, Mégrigny et Vandeuvre en marquisat, en faveur de Megrigny, père et fils. — Paris, octobre 1646 ; P. 25 mai 1647.

MELIEN. L. P. p. anob. de Guillaume Melien. — 10 janvier 1464 ; expédiées le 27 novembre même année.

MELLAGHIN. L. P. p. naturalisation à Jacques Mellaghin, natif d'Irlande. — Versailles, octobre 1755 ; P. 6 novembre même année.

MELLET. L. P. p. anob. de Jean Mellet. — 1639.

MELUN (de). L. P. p. anob. de Nicolas de Melun, fils naturel de Guillaume, comte de Tancarville et de sa postérité. — 1400. Fol. 108.

MELUN (de). L. P. p. anob. de Pierrette de Melun, sœur du précédent. — Même date.

MELUN (de). L. P. p. anob. de Pierre de Melun, valet de chambre du roi. — 1414. Fol. 79.

MELUN (de). L. P. p. érection du vicomté de Joyeuse en duché-pairie, en faveur de Louis de Melun. — Fontainebleau, octobre 1714 ; P. 18 décembre même année.

MEME (de). L. P. p. érection de la terre et seigneurie de Mongouville en marquisat, en faveur des sieurs de Même. — Paris, janvier 1635 ; P. 10 août même année.

MEME D'AVAULT (de). *Voir* Roissy.

MENAGE. L. P. p. anob. de Jacques Menage, sieur de Laigny, maître des requêtes, docteur en droit. — 4 décembre 1549. Fol. 280 ; expédiées le 24 janvier 1550.

MENIN. L. P. p. anob. de René Menin. — Chantilly, mars 1635 ; P. 7 septembre 1655.

MENOU (de). L. P. p. anob. de René de Menou. — 1584. Fol. 90.

MENOU-CHARNISAY. L. P. p. érection de la terre et seigneurie de Manceigne en marquisat, sous le nom de Menou, en faveur du sieur Menou-Charnisay. — Versailles, juin 1697 ; P. 5 mars 1698.

MENOU DE ROZAY (de). L. P. p. union des terres et seigneuries des Roches-Saint-Quentin, la Roche-aux-Bélins, fiefs de la Touche-Rigny, etc., à la terre et châtellenie de Chevilly, sous le nom de terre et fief de Menou, en faveur de René-Charles de Menou de Rozay. — Versailles, avril 1726 ; P. 6 août 1738.

MENTY (de). L. P. p. naturalisation à Zacharie de Menty, natif de Florence. — Bordeaux, avril 1565 ; P. 21 février 1571.

MER (de la). *Voir* DE LA MER.

MERCIER. L. P. p. anob. de Pierre Mercier, bourgeois de Paris. — 12 février 1391 ; expédiées le 28 décembre même année.

MERCIER. L. P. p. anob. de Jean Mercier. — 1697.

MERCIER. L. P. p. anob. d'Antoine Mercier, gendarme et mousquetaire du roi. — 1704.

MERCIER. L. P. p. anob. de Simon Mercier, Marie-Anne Bouquet sa femme, et leurs enfants. — Paris, mars 1715 ; P. 5 septembre 1716.

MERCIER (le). *Voir* LE MERCIER.

MEREY (de). L. P. p. anob. de Pierre de Merey et de Jeanne sa femme, de libre condition. — 1391.

MERGEL (de). L. P. p. anob. de Jean de Mergel, de Simonne, sa femme, et de ses enfants. — 1388. Fol. 12.

MERIS (de). L. P. p. anob. de Frédéric de Méris. — 1354.

MERTRUD. L. P. p. anob. du sieur Mertrud, chirurgien. — Versailles, juillet 1785; P. 26 juillet même année.

MERY. L. P. p. anob. de Michel Mery, d'Alençon, moyennant 300 livres.— 12 janvier 1557; expédiées le 23 décembre même année.

MESGRIGNY (de). L. P. p. confirmation et en tant que besoin nouvelle érection des terres de Bonnivel et autres en châtellenie, en faveur du sieur de Mesgrigny. — Fontainebleau, juin 1664; P. 27 juin même année.

MESNARD DE LA BAROTIERE. L. P. p. érection de la terre de la Barotière en comté, sous la dénomination de Mesnard, en faveur d'Alexandre Mesnard de la Barotière. — Versailles, décembre 1766; P. 29 avril 1769.

MESNARD DE CHOUZY (de). L. P. p. érection de la terre de Chouzy en comté, en faveur du sieur de Mesnard de Chouzy. — Versailles, novembre 1784; P. 3 mai 1786.

MESCHES (de). L. P. p. anob. des sieurs Pierre et Hugues de Mesches frères, et de leur postérité. — 1368.

MESMIN. L. P. p. anob. de Robert Mesmin et de Pétronille sa femme, pourvu qu'il soit de libre condition. — 1391.

MESMIN. L. P. p. anob. de René Mesmin. — 1638.

MESMIN. L. P. p. anob. de Claude Mesmin, sieur Dupont, de Nantes, moyennant 1000 livres. — 17 avril 1669; expédiées le 27 mai même année.

MESNARD. L. P. p. anob. d'Isaac Mesnard de la Chalandière, pour services. — 1607. Fol. 393.

MESSINOT. L. P. p. anob. de François Messinot. — 1661.

METTE DE LA VEILLEE. L. P. p. anob. du sieur Mette de la Veillée. —

Saint-Germain-en-Laye, février 1640; P. 22 décembre même année.

METZ (du). L. P. p. anob. de Frédéric du Metz. — 17 mars 1554; expédiées le 22 décembre même année.

MEULAN (de). L. P. p. anob. de Philippe de Meulan, et de Colette et Jeanne, ses sœurs. — Mai 1368. Fol. 48.

MEULAN (de). L. P. p. anob. de Jean de Meulan, receveur des impositions à Gisors, et de sa postérité. — 1390. Fol. 33.

MEULLES. L. P. p. érection de la terre et seigneurie de Frêne en châtellenie, en faveur de Pierre Meulles.— Saint-Germain-en-Laye, janvier 1634; P. 22 décembre même année.

MEULLES (de). L. P. p. confirmation de noblesse à Jacques de Meulles, sieur de la Source — Versailles, 22 janvier 1707; P. 4 juillet même année.

MEULLES (de). L. P. p. confirmation de noblesse à Étienne de Meulles. — Paris, 9 novembre 1716; P. 30 avril 1717.

MEUSE. L. P. p. anob. de François Meuse. — 1698.

MEUVES (de). L. P. p. anob. d'Etienne de Meuves. — Fontainebleau, octobre 1702; P. 15 décembre même année.

MEZES (de). L. P. p. anob. d'Odoart de Mezes. — 1443.

MEZIERES (de). L. P. p. anob. de Jacques de Mezières de Nantes, en considération de ses services à la guerre et de ses blessures. — 6 novembre 1377; expédiées le 22 septembre 1378.

MICHAU. L. P. p. anob. des sieurs Bernard et Gaillard Michau, frères, de libre condition, et de leur postérité. — 1402. Fol. 103.

MICHODIERE (de la). Voir De la Michodière.

MICHON. L. P. p. confirmation de noblesse et en tant que besoin nouvel anoblissement de Jean-Baptiste Michon.— Fontainebleau, octobre 1698; P. 15 janvier 1699.

MICHON DE CHAMARANTE. L. P. p. anob. d'Adrien-François Michon de Chamarante. — Fontainebleau, novembre 1698; P. 12 décembre même année.

MIDON. L. P. p. anob. de Jean Midon. —Saint-Germain-en-Laye, novembre 1619; P. 29 avril 1621. — L. P. p. mandement pour l'enregistrement de celles du mois de novembre 1619, p. anob. du sieur Midon, de sa femme et de ses enfants nés et à naître en loyal mariage, nonobstant leur surannation. — Paris, 1er juillet 1620; P. 29 avril 1621.

MIDON. L. P. p. anob. de Jean Midon, écuyer, sieur de Lauroy. — 1668.

MIDOR. L. P. p. anob. de Jean Midor, pour services. — 1619.

MIDOR. L. P. p. anob. de Pierre Midor, échevin de Toul. — Paris, janvier 1629; P. 19 février même année.

MIDOT. L. P. p. anob. de Pierre Midot. — 1635.

MIGNARD. L. P. p. anob. de Pierre Mignard, peintre. — Versailles, juin 1687; P. 20 juin même année.

MIGNE. L. P. p. érection de la terre de Marsang en châtellenie, en faveur de Jean Migné, sieur de Marsang. — Paris, janvier 1651; P. 2 mars 1652.

MIGUE. L. P. p. confirmation de noblesse à Richard Migue. — Versailles, 29 avril 1764; P. 29 mai même année.

MIGUEL. Voir LÉPINE.

MILES-HUSSEY. L. P. p. reconnaissance de noblesse du sieur Miles-Hussey. — Versailles, septembre 1786; P. 14 mars 1788.

MILETY. L. P. p. naturalisation de Jules Milety, natif de Rome. — Paris, avril 1612; P. 24 juillet 1613.

MILETY. L. P. p. naturalisation de François Milety, natif de Rome. — Paris, avril 1612; P. 24 juillet 1613.

MILLEVILLE (de). L. P. p. anob. de Regnaud de Milleville, bourgeois de Loudun, et de sa postérité. — 1365. Fol. 4.

MILLON. L. P. p. anob. de Jean Millon. — 1487. Fol. 202.

MILLON. L. P. p. anob. du sieur Millon. — Paris, juillet 1610; P. 10 août même année.

MILLOT. L. P. p. anob. des sieurs Michel et Jean Millot. — 1549. Fol. 109.

MILON. L. P. p. anob. de Pierre Milon, premier médecin du roi. — 1610.

MILON (de). L. P. p. anob. de Richard de Milon. — 1620.

MINART. L. P. p. anob. de Joachim Minart, sieur de la Richardière. — Versailles, janvier 1697; P. mai même année.

MIRAUMONT. L. P. p. légitimation et anob. à Jean Miraumont, sieur de Laval, fils naturel de Claude de Miraumont, sieur de Clavigny, et de Marguerite de Salves. — 1612.

MIREBECK. L. P. p. permission à Ignace-Frédérick Mirebeck d'ajouter à son nom la particule de et de se nommer de Mirebeck. — Choisy, octobre 1774; P. 12 décembre même année.

MIRGET. L. P. p. anob. de Jacques Mirget, de sa femme et de ses enfants. — 1365. Fol. 28.

MIRMANDRE (de). L. P. p. anob. de Pierre de Mirmandre. — 1638.

MIRON. L. P. p. érection de la maison et terre de Tremblay en fief en faveur de Me Miron. — Saint-Germain-en-Laye, mai 1643; P. 11 avril 1645.

MISAULT. L. P. p. anob. de Charles Misault, sieur Daucourt, à Dieppe.— 1574. Fol. 389.

MISSET. L. P. p. confirmation de noblesse à Patrice Misset, Irlandais. — 1706.

MITHON. L. P. p. anob. de Thomas-Marc Mithon, capitaine de grenadiers. —1726.

MITHON. L. P. p. anob. de Jean Mithon, sieur de Senneville, moyennant une aumône de 150 livres. — Même date.

MODIEU DE SAINT-CHRISTOPHE (de). L. P. p. érection de la

terre et seigneurie de la Garde-aux-Valets en châtellenie en faveur du sieur Amédée de Modieu, seigneur de Saint-Christophe. — Saint-Germain-en-Laye, avril 1639; P. 29 août 1640.

MODON (de). L. P. p. anob. de Jean-Baptiste de Modon, natif de Morée, en considération de ses services militaires. — 18 juin 1556; expédiées le 14 juin 1557.

MOGES. L. P. p. anob. de Jean Moges. — 1464. Fol. 132.

MOINE (Le). *Voir* LE MOINE.

MOISANT. L. P. p. anob. de Jacques Moisant, de Saint-Brieuc, conseiller au parlement de Metz. — 12 janvier 1644; expédiées le 8 juin 1646.

MOISSAT. L. P. p. érection des fiefs de Boisfoucber, Lèveville et autres en châtellenie en faveur de Pierre Moissat. — Paris, avril 1656; P. 29 mai même année.

MOLANDIN. L. P. p. anob. de Guillaume Molandin, moyennant 200 livres. — 17 mai 1387; expédiées le 22 février 1388.

MOLE. L. P. p. union de justices à celles de Champlâtreux, et érection en comté de Champlâtreux, en faveur du sieur Molé. — Versailles, août 1781; P. 23 décembre 1782.

MOLINET (du). L. P. p. anob. de Jean-Pierre du Molinet. — Paris, juillet 1653; G. des C., 26 mai 1659; C. des A., 24 janvier 1654.—L. P. p. maintenue de nob. à Pierre du Molinet, sieur de Saint-Martin et de Loissy et sa postérité.— 17 novembre 1671.

MOLINIER. L. P. p. anob. des sieurs Bertrand et Pierre Molinier, frères. 1351. Fol. 18.

MOLINIER. L. P. p. anob. de Jean Molinier de Toulouse, et de Jeannette de Marie, sa femme.—1391. Fol. 101.

MOLINIERE (de). L. P. p. anob. de Jean de Molinière, de Nantes.— 3 février 1400; expéd. le 2 juin même année.

MOLITER. L. P. p. naturalisation à André-Joseph Moliter, natif de Buckrick, pays de Luxembourg. — Versailles, mai 1760; P. 20 août même année.

MOLMAINS (de). L. P. p. anob. de Louis de Molmains.—Versailles, mai 1705; P. 15 janvier 1706.

MOLORE (de). L. P. p. anob. de René de Moloré, sieur de Glatigny. — Versailles, mai 1701; P. 17 juin même année.

MOMUET (de). L. P. p. anob. de Jean de Momuet, pour services militaires. — 1646.

MONACO (de). L. P. p. érection des terres et seigneuries de Grave, Sauzet et autres en duché-pairie, en fav. du prince de Monaco. — Camp devant Perpignan, mai 1642; P. 9 février 1643. —L. P. p. érection de la terre de Baux, en Provence, en marquisat, en fav. du fils du prince de Monaco.—Camp devant Perpignan, mai 1642; P. 14 mai 1643.

MONASTIE. L. P. p. anob. de Jean Monastié, à Beauvais. —1437.

MONBRON (de). L. P. p. union des fiefs de Tournois, Bezay et Colombe en un seul sous le nom de Monbron, en faveur d'Henri de Monbron. —..... 28 mai 1639; P. 5 mars 1640.

MONCADE (de). L. P. p. anob. de Jean de Moncade. — 1699.

MONCHEMIN (de). L. P. p. anob. de Guillaume de Monchemin et de sa postérité. — 1399.

MONDIDIER. L. P. p. anob. de Pierre Mondidier, de Marolles, et de sa postérité. — 1369. Fol. 85.

MONDOLAT. L. P. p. anob. de Justin Mondolat. — Versailles, février 1767; P. 30 mai même année.

MONET. L. P. p. anob. de Jean et Nicolas Monet. — 1437.

MONGINOT. L. P. p. anob. de Louis Monginot. — 1706.

MONIER. L. P. p. anob. de Jean Monier, sieur de la Ville-Horvé. — Versailles, déc. 1696; P. 18 mai 1697.

MONSTARD. L. P. p. anob. d'André Monstard. — 1440. Fol. 45.

MONT (du). L. P. p. anob. de Robert du Mont, de Lisieux, moyennant 140 écus d'or. — 12 novembre 1367; expédiées le 18 mars 1368.

MONTAGNE (de la). *Voir* DE LA MON-TAGNE.

MONTAGUT (de). L. P. p. anob. d'E-vrard de Montagut, notaire et secré-taire du roi. — 6 décembre 1363; ex-pédiées le 8 décembre 1364.

MONTAIGU (de). L. P. p. anob. de Jean de Montaigu et de sa femme.—1352. Fol. 42.

MONTAL (du). L. P. p. anob. de Thomas du Montal, de Poitiers. — 18 août 1386; expédiées le 4 février 1387.

MONTALEMBERT (de). L. P. qui ordonnent le changement de nom du fief aux Moines en celui de la Roche-Trion pour les sieur et dame de Montalembert. — Versailles, avril 1783; P. 30 mai même année.

MONTANDRE. L. P. p. anob. de Charles et Louis Montandre, frères, et enfants naturels d'Isaac de la Rochefoucault, seigneur de Montandre, et de Made-leine Maréchal, non mariés. — 1646.

MONTANDRE. L. P. p. confirmation de noblesse à Aimable de Montandre. — 1675.

MONTAULT (de). L. P. p. anob. de Pépin de Montault et de sa postérité. — 1369.

MONTAUT (de). L. P. p. légitimation et anob. de Louis-Philippe de Mon-taut, fils d'Henri de Montaut, mar-quis de Saint-Genis, et naturalisation de Louis de Montaut, né à Liége. — Saint-Germain, avril 1678; P. 27 fé-vrier 1679.

MONTBAZON (de). L. P. p. provisions de gouverneur de la ville de Paris, au duc de Montbazon.—... 1620.

MONTBEL (de). L. P. p. érection de la terre de Palluau en comté sous le nom de Montbel, en faveur de Fran-çois de Montbel. — Versailles, avril 1700; P. 26 juillet même année.

MONTBRON (de). L. P. p. érection de la terre et seigneurie de Montbron en vicomté, en faveur du sieur de Mont-bron. — Paris, avril 1654; P. 13 août 1660.

MONTCHAL (de). L. P. p. anob. de

Réné de Montchal. — 2 avril 1439; expédiées le 16 mai 1441.

MONTCRIF (de). L. P. p. confirmation au sieur de Montcrif de la noblesse ac-cordée à son père. — Saint-Germain, juin 1678; P. 5 sept. même année.

MONTDIDIER. L. P. p. anob. de Pierre Montdidier, moyennant 130 francs d'or. — 17 février 1372; expédiées le 28 novembre même année.

MONTESSUY (de). L. P. p. anob. du sieur de Montessuy.—Versailles, juin 1782; P. 3 septembre même année.

MONTFERMEIL (de). L. P. p. érec-tion de la terre et seigneurie de Mont-fermeil en châtellenie, en faveur du seigneur de Montfermeil. — Paris, juillet 1611; P. 10 août même année.

MONTFERNY (de). L. P. p. déclara-tion relevant Michel de Montferny de dérogeance. — 1589.

MONTHOLON (de). L. P. p. reconnais-sance d'ancienne noblesse d'extraction et qui autorisent le fils ainé du sieur de Montholon à prendre à l'avenir le titre de comte de Lee. — Versailles, 6 octobre 1787; P. 19 février 1788.

MONTHYON (de). L. P. p. érection de fiefs et union d'iceux à la baronnie de Monthyon, en faveur de J.-B.-Robert-Ange de Monthyon. — Versailles, juillet 1740; P. 27 août même année.

MONTICOURT (de). L. P. p. anob. de Henri-Pierre de Monticourt. — Ver-sailles, décembre 1722; P. 23 jan-vier 1723.

MONTIGNAC (de). L. P. p. anob. de Gautier de Montignac. — 1302.

MONTIGNY (de). L. P. p. anob. de Jean de Montigny, moyennant 110 francs d'or. — 12 juin 1388; expédiées le 7 février 1389.

MONTIS (de). L. P. p. anob. de Jean de Montis, de Lyon. — 11 juillet 1557; expédiées le 4 septembre même année.

MONTIS (de) L. P. p. anob. de Ber-nard de Montis, natif de Florence. — 2 octobre 1568; expédiées le 27 octo-bre 1569; enregistrées à la C. des A.

le 26 avril 1570; au présidial de Nantes le 6 novembre même année.

MONTLEON (de). L. P. p. anob. de Nicolas de Montléon, de Villemont, bailli d'Orléans. — 22 mars 1390; expédiées le 16 décembre même année.

MONTLERME (de). L. P. p. anob. de Jean-Jérôme de Montlerme. — 1643.

MONTLIARD (de). L. P. p. union de la terre et seigneurie de Rumont à la terre de Fromont, et érection d'icelles en marquisat, en faveur du sieur de Montliard. — Péronne, septembre 1657; P. 6 février 1660.

MONTMORENCY (de). L. P. p. érection de la baronnie d'Ampville en duché-pairie, en faveur d'Henry, duc de Montmorency.—Paris, septembre 1610; P. 30 décembre même année.

MONTMORENCY-FOSSEUX (de). L. P. p. confirmation et continuation du titre de duché héréditaire de Montmorency, en faveur du mariage de M. de Montmorency, marquis de Fosseux, avec Anne-Charlotte de Montmorency-Luxembourg. — Versailles, décembre 1767; P. 14 mars 1768.

MONTMORENCY-LAVAL (de). L. P. p. union des terres d'Ornac et autres au marquisat de Magnac, et érection d'icelles en duché sous le nom de Laval, en faveur de Guy-André-Pierre de Montmorency-Laval.—Versailles, octobre 1758; P. 29 novembre même année.

MONTMORENCY-LUXEMBOURG (de). L. P. p. confirmation et nouvelle érection de la terre et seigneurie de Beaumont en comté, en faveur de Christian-Louis de Montmorency-Luxembourg. — Fontainebleau, novembre 1740; P. 27 avril 1742.

MONTMORT (de). L. P. p. érection de la terre et seigneurie du Ménil-Habert en comté, en faveur du sieur de Montmort.—Libourne, 5 août 1650; P. 6 février 1660.

MONTNAL (le). Voir LE MONTNAL.

MONTORCIER. L. P. p. anob. d'Antoine Montorcier. — Fontainebleau, septembre 1704; P. 12 décembre même année.

MONTREUIL (de). L. P. p. anob. de Jacques de Montreuil. — Fontainebleau, novembre 1726; P. 18 janvier 1727.

MONTREUIL (de). L. P. p. reconnaissance de noblesse à Agnès-Louise de Montreuil.—Compiègne, août 1774; P. 26 août même année.

MONTULLE (de). L. P. p. confirmation et nouvelle érection de la baronnie de Saint-Port-en-Brie, en faveur de Jean-Baptiste-François de Montullé. — Versailles, juin 1762; P. 7 septembre même année.

MONTVERD (de). L. P. p. anob. de Robert de Montverd, vicomte de Pontalon et de sa postérité. — 1366. Fol. 37.

MOON (de). L. P. p. érection de la terre et seigneurie de Gomberneaux en baronnie, en faveur de Gabriel de Moon. — Sédan, août 1657; P. 14 juillet 1662.

MOORE DES FAWALS. L. P. p. naturalisation à Michel Moore des Fawals au comté de Yorkshire en Angleterre.—Versailles, décembre 1762; P. 11 janvier 1763.

MORA (de). L. P. p. anob. de Bernard de Mora, conseiller du roi, et de ses enfants. — 1369. Fol. 75.

MORAL. L. P. p. anob. de Pierre Moral. — Versailles, février 1773; P. 13 mars même année.

MORANDIN. L. P. p. anob. de Blaise Morandin.—Versailles, octobre 1699; P. 7 janvier 1700.

MORANS (de). L. P. p. anob. de Jean de Morans. — 15 février 1534; expédiées le 7 décembre même année.

MORE. L. P. p. anob. de Mathieu More, et de sa femme. — 1374.

MORE DE PONTGIBAULT. L. P. p. rectification du nom pour le sieur Moré de Pontgibault. — Versailles, février 1783; P. 25 février même année.

MOREAU. L. P. p. anob. d'Urbain Moreau, commissaire d'artillerie.—1646.

MOREAU. L. P. p. anob. de Jacques Moreau. — Septembre 1650.

MOREAU. L. P. p. anob. de Jean Moreau, conseiller et assesseur criminel et maitre de Fontenay-le-Comte. — 1652.

MOREAU. L. P. p. anob. de Jean Moreau. — Versailles, juin 1682 ; P. 12 décembre même année.

MOREAU. L. P. p. naturalisation de Jacques Moreau, natif d'Irlande. — Compiègne, juillet 1765 ; P. 26 août même année.

MOREAU. L. P. p. anob. de Jean-Nicolas Moreau. — Versailles, janvier 1777; P. 21 août même année.

MOREAU. L. P. p. anob. de Pierre-Louis Moreau.—Versailles, mai 1771; P. 19 janvier 1779.

MOREAU DE LA ROCHETTE. L. P. p. anob. de François Moreau, seigneur de la Rochette.—Versailles, juin 1768; P. 3 septembre même année.

MOREL. L. P. p. anob. de Pierre Morel et de sa femme. — 1389.

MOREL. L. P. p. anob. de Jean Morel, de Vernette, du diocèse de Clermont. — 1390. Fol. 31.

MOREL (de). L. P. p. anob. de Jean de Morel et de sa femme, de libre condition — 1394. Fol. 63.

MOREL. L. P. p. anob. d'Etienne Morel, de Rubeaumont, et de sa postérité.— 1395.

MOREL. L. P. p. anob. de Jacques Morel.—Saint-Germain, décembre 1666; P. 10 mars 1681.

MOREL. L. P. p. anob. du sieur Morel. — Saint-Germain, septembre 1669 ; P. 29 janvier 1670.

MOREL DE LA BORDE. L. P. p. anob. de Pierre et André Morel de la Borde. — Compiègne, août 1770 ; P. 23 mars 1775.

MORELET. L. P. p. légitimation à Jean Morelet, conseiller du roi, avocat au bailliage de Calais, et de sa postérité. — Mars 1495. — L. P. p. anob. dudit. — 1496.

MORELET. L. P. p. anob. de Jean Morelet. — 1516. Fol. 135.

MORELS (de). Voir DES MORELS.

MORETS (de). L. P. p. anob. de Pierre de Morets. — 1665.

MORICEAU. L. P. p. exception du sieur Charles Moriceau de la révocation de noblesse portée par l'édit d'août 1715. — Paris, 18 janvier 1721; P. 29 avril même année.

MORICEAU DE CHAIZE. L. P. p. anob. de Charles Moriceau de Chaize. — Versailles, décembre 1699 ; P. 29 avril 1700.

MORICET. L. P. p. anob. de Julien Moricet, sieur de Montlouis.—Versailles, février 1703; P. 2 mars même année.

MORIELLE DE MONTGARDE. L. P. p. anob. de Mathurin Morielle de Montgardé. — Fontainebleau, octobre 1728 ; P. 21 juillet 1729.

MORIN. L. P. p. anob. de Bertrand Morin. — 1351. Fol. 39.

MORIN. L. P. p. anob. de Nicolas Morin, de Saint-Quentin, et de sa postérité. — 1356. Fol. 102.

MORIN. L. P. p. anob. de Jean Morin, sieur de Martilly. — 1552. Fol. 303.

MORIN. L. P. p. anob. de François Morin, conseiller au présidial de Tours, moyennant une aumône de 10 écus. — 1589 ; vérifiées à Tours en parlement, le 18 mai 1590.

MORIN. L. P. p. anob. de Charles Morin, héraut des états de Bretagne. —21 avril 1648; expédiées le 6 juillet même année.

MORINIERE (de la). Voir DE LAMORINIÈRE.

MORISSEL. L. P. p. anob. de Jean Morissel, sieur de Montlouis.—1703.

MORLET. L. P. p. anob. de Jean Morlet de Montauban, moyennant 100 écus d'or. — 10 janvier 1516; expédiées le 30 novembre même année.

MORNES DESAINT-HILAIRE(de). L. P. p. anob. de Pierre de Mornes, sieur de Saint-Hilaire, lieutenant d'artillerie.... — octobre 1651. — L. P. p. confirmation de celles du mois d'octobre 1651, portant anob. du sieur Pierre de Mornes de Saint-Hilaire. — Paris, janvier 1666; P. 26 février 1667.

MORTAIGNE (de). L. P. p. naturalisation et reconnaissance d'ancienne noblesse d'extraction à Jacques, comte de Mortaigne, natif de la province d'Echasseu dans les Etats de l'Empire. — Versailles, août 1740; P. 3 mai 1749.

MORTANGY (de). L. P. p. permission à Guillaume de Mortangy de porter le nom de Marsangy. — Versailles, novembre 1769; P. 15 décembre même année.

MORTEMART (de). L. P. p. érection du marquisat de Mortemart en duché-pairie, en faveur du marquis de Mortemart. — Paris, décembre 1650; P. 15 décembre 1663.

MOSEL. L. P. p. anob. de Nicolas Mosel, sieur de Champroy. — 1681.

MOSSIAS DE BONNES. L. P. p. anob. d'Antoine Mossias de Bonnes. — Versailles, janvier 1706; P. 5 mai même année.

MOTHE (de la). *Voir* DE LA MOTHE.

MOTTE-ROUGE (de la). *Voir* DE LA MOTTE-ROUGE.

MOUCHARD. L. P. p. anob. de Pierre-François Mouchard. — Paris, octobre 1720; P. 12 mars 1722.

MOUCHE. L. P. p. anob. d'André-François Mouche. — Versailles, septembre 1697; P. 19 décembre même année.

MOUCHET. L. P. p. anob. de Guillaume Mouchet et de sa postérité. — 1390. Fol. 27.

MOUCHY (de). L. P. p. règlement pour la jouissance de Jean de Mouchy, seigneur de Senarpont, des terres de la Chalmotte et Rouges-Combres près

le pont de Nieullay-les-Calais. —Compiègne, 6 août 1567; P. 26 mai 1568.

MOULART DE VILLEMAREST. L. P. p. confirmation du titre de baronnie à la terre de Torcy, en faveur du sieur Moulart de Villemarest. — Fontainebleau, octobre 1738; P. 6 juin 1739.

MOULINS (de). L. P. p. anob. de Guillaume de Moulins. — 1387. Fol. 11.

MOULINS D'EVRY. L. P. p. érection de la terre et seigneurie d'Evry en marquisat, en faveur de Joseph-Bernard Moulins d'Evry. —Compiègne, août 1763; P. 16 juillet 1764.

MOURET. L. P. p. anob. de François Mouret, sieur du Pont, bourgeois de Rouen. — 7 juillet 1644; expédiées le 2 juillet 1645.

MOUREZ DE CHALIES (de). L. P. p. union des terres et seigneuries de Pont-Gibaud, Pradines et Ruzaudon, et érection d'icelles en comté, sous le nom de Pont-Gibaud, en faveur de César de Mourez de Chalies. — Versailles, février 1762; P. 3 mai 1763.

MOUSSEAUX-D'AUXI (de). L. P. p. union des terres, seigneuries et fiefs de Martincourt et autres et érection d'icelles en marquisat sous le nom d'Auxi, en faveur du sieur de Mousseaux d'Auxi. — Versailles, septembre 1687; P. 6 septembre 1688.

MOVIER. L. P. p. anob. d'Antoine Movier. — 1698.

MOYRAS. L. P. p. déclaration de noblesse à François Moyras. — Paris, avril 1658; P. 5 mars 1659.

MOYROD. L. P. p. anob de Laurent Moyrod. — Versailles, août 1700; P. 7 septembre même année.

MUEUD (de). L. P. p. anob. de Pierre-Antoine de Mueud. — 1661.

MULDER (de). L. P. p. naturalisation à François et Adrien de Mulder, père et fils, natifs de Bois-le-Duc en Hollande. — Camp devant Bouchain, mai 1746. — P. 15 juin même année.

MULET (de). L. P. p. anob. de Gratien de Mulet, de Bordeaux. — 1590.

MURAT. L. P. p. anob. du sieur Murat. — Fontainebleau, mai 1633; P. 7 juillet même année.

MURY DE PROVANS. L. P. p. naturalisation à Joseph et Phil.-Ignace Mury de Provans, père et fils. —

Fontainebleau, novembre 1733; P. 20 décembre même année.

MUS. L. P. p. anob. de Nicolas Mus.— 1560. Fol. 58.

MUTIO. L. P. p. naturalisation et anob. de Ludovic Mutio, de Bologne, verrier, et de Barbe Croissant, sa femme, aussi Italienne. — 1651.

N

NAMUR (de). L. P. p. anob. de Jean de Namur, valet de chambre du duc de Bourgogne. — 1375.

NANCHEL. L. P. p. anob. de François Nanchel. — 1700.

NATOIRE. L. P. p. anob. de Charles Natoire. — Versailles, avril 1753; P. 23 janvier 1755.

NATUREL. L. P. p. anob. d'Etienne Naturel, pour services à la reddition de Lyon. — 1594. Fol. 76.

NAU. L. P. p. anob. de Claude Nau, sieur de la Bometière, secrétaire de la chambre du roi. — 1605.

NAU. L. P. ordonnant que le sieur Nau et ses sœurs, enfants de François Nau, jouiront de la noblesse comme ils auraient pu faire avant l'édit d'avril 1664. — Paris, 5 mars 1671; P. 12 avril 1683. — L. P. p. confirmation de noblesse, en vertu de l'arrêt du conseil du 5 mars 1671, au sieur Nau et à ses sœurs. — St-Germain, décembre 1671; P. 12 avril 1683. — L. P. p. confirmation du titre de noblesse du sieur Nau. — Versailles, mai 1691; P. 4 août même année.

NAU DE CARDAIS. L. P. p. anob. du sieur René Nau, sieur de Cardais. — Montpellier, septembre 1632; P. 6 août 1653.

NAY (de). L. P. p. anob. de Colard de Nay et de sa postérité. — 1388.

NAZAC (de). L. P. p. anob. du sieur de Nazac. — Versailles, septembre 1781; P. 22 décembre même année.

NEAUVILLE (de). L. P. p. anob. de Guillaume de Neauville, notaire et secrétaire du roi. — 1397. Fol. 105.

NELSON. L. P. p. naturalisation à Gilbert Nelson, natif d'Edimbourg. — Versailles, mars 1747; P. 17 mars même année.

NEMOURS DE LA CHASSAIGNE (de). L. P. p. confirmation de noblesse à Etienne de Nemours de la Chassaigne. — Versailles, mars 1742; P. 17 avril même année.

NERA. L. P. p. anob. de Noël-François-Julien Néra. — Versailles, décembre 1754; P. décembre 1755.

NEUFCHEZE (de). L. P. p. érection de la terre et seigneurie de Brein en comté, en faveur de M. de Neufchèze, évêque de Châlons-sur-Saône. — St-Germain-en-Laye, novembre 1637; P. 3 septembre 1640.

NEUVILLE (de). L. P. p. union des terres de Viney, Montaucy et autres, et érection d'icelles en marquisat, sous le nom de Neuville, en faveur de M^e

Camille de Neuville.—Fontainebleau, juillet 1666; P. 29 juillet même année.

NEUVILLE DE VILLEROY (de). L. P. p. érection de la terre, seigneurie et châtellenie de Villeroy, ses appartenances et dépendances en marquisat, en faveur de Me Nicolas de Neuville, sieur de Villeroy. — Paris, janvier 1615; P. 21 janvier 1634.

NEUVILLE (de la). *Voir* DE LA NEUVILLE.

NEVEU. L. P. p. anob. de Guillaume Neveu. — 1384. Fol. 219.

NICALIS. L. P. p. natural. à Charles-François Nicalis, comte de Venant et Brandis, natif de Turin.—Paris, avril 1663; P. 17 décembre 1664.

NICOLAI (de). L. P. p. érection de la terre et seigneurie de Goussainville en marquisat, en faveur d'Antoine de Nicolaï.—Paris, mai 1645; P. 6 septembre même année.

NICOLAS. L. P. p. confirmation de la noblesse, et en tant que besoin nouvel anob. de Me René Nicolas. — Paris, avril 1612; P. 2 septembre 1654.

NICOLAY. L. P. p. anob. de Louis Nicolay, fils naturel de Louis, premier écuyer de la grande écurie, et de Madeleine Duprès. — 1641.

NICOU (de). L. P. p. anob. d'André de Nicou. — 1661.

NICOU (de). L. P. p. réhabilitation aux sieurs André, Gabriel et Jean de Nicou.—18 avril 1667.

NIETRE. L. P. p. anob. de Pierre Nietre, premier valet de chambre du roi. — 1669.

NIQUET. L. P. p. anob. d'Antoine Niquet. — 1684.

NIVARD. L. P. p. anob. de Joachim Nivard. — 1697.

NOAILLES (de). L. P. p. érection de la terre de la Motte-Tilly en comté, en faveur d'Adrien-Maurice, duc de Noailles. — Marly, novembre 1712; P. 13 mai 1713.—L. P. p. permission à Adrien-Maurice, duc de Noailles, d'accepter la grandesse d'Espagne de première classe, accordée par décret du roi d'Espagne du 3 mars 1712.—Versailles, décembre 1712; P. 6 septembre 1713.

NOAILLES (de). L. P. p. érection du duché d'Ayen en pairie, en faveur de Louis de Noailles.—Versailles, février 1737; P. 12 mars même année.

NOAILLES (de). L. P. p. permission au comte de Noailles de jouir pour lui et sa postérité de la grandesse d'Espagne pour la terre et baronnie de Mouchy.—Fontainebleau, octobre 1749; P. 4 mai 1750.

NOAILLES (de). L. P. p. que le maréchal de Noailles jouira de la terre et seigneurie de Nogent à titre de comté.—Versailles, 2 septembre 1749; P. 26 février 1760.

NOAILLES (de). L. P. p. union et incorporation de la terre de Linville à celle d'Arpajon, en faveur du comte de Noailles. — Versailles, février 1769; P. 6 mai même année.

NOBLET DE CHEVALETTE (de). L. P. p. union des terres et seigneuries de Clayte, Trémont, Mongesson, et érection d'icelles en comté sous le nom de Clayte, en faveur de Bernard de Noblet de Chevalette. — Versailles, juillet 1730; P. 27 janvier 1735.

NOEL. L. P. p. anob. de Jean Noël. — 1512. Fol. 83.

NOEL (de). L. P. p. anob. de Pierre de Noël. — 1656.

NOGARET (de). L. P. p. anob. de Vitalis de Nogaret, de Moulins.—1351.

NOGARET (de). L. P. p. anob. d'Etienne de Nogaret. — 1354.

NOGARET (de). L. P. p. anob. de Jean de Nogaret, bourgeois de Toulouse, et de sa postérité. — 1372.

NOGARET (de). L. P. p. maintenue et confirmation de noblesse aux sieurs Joseph et André de Nogaret frères, écuyers. —. 1674.

NOINTEL (de). *Voir* BÉCHAMEIL.

NOIZET DE BARA L. P. p. anob. de Gilles Noizet de Bara. —Versailles, septembre 1687 ; P. 11 décembre 1713. — L. P. p. mandement pour l'enregistrement de celles du mois de septembre 1687, portant anob. de Gilles Noizet de Bara, en faveur de Nicolas-Gilles et Anne Noizet de Bara, frère et sœur, et de Gilles Noizet de Bara, anobli.— Fontainebleau, 7 octobre 1713.

NOLASQUE CONVOY. L. P. p. déclaration de naturalisation à Pierre Nolasque Convoy, natif de Lisbonne.— Versailles, 20 février 1739 ; P. 23 février 1741.

NOMPAR DE CAUMONT. L. P. p. union des baronnie de Mucidan et seigneurie de Maduran au marquisat de la Force, et érection d'icelui en duché-pairie, en faveur de Jacques Nompar de Caumont.— Chantilly, juillet 1637 ; P. 3 août même année.

NORMAND (le). Voir LE NORMAND.

NOSLETZ (de). L. P. p. naturalisation à Jean-Népomucène-Joseph-François-Xavier-François-de-Paule, comte de Nosletz.—Versailles, septembre 1779 ; P. 28 janvier 1780.

NOUVEL (le). Voir LE NOUVEL.

NOVINCE. L. P. p. anob. de Pierre Novince, receveur général des finances à Caen. — 1600.

NYORET. L. P. p. anob. du sieur Nyoret. — Saint-Germain, août 1668 ; P. 4 février 1669.

O

O (d'). L. P. p. anob. de Guillaume d'O, sieur de Cleville, vicomte de Caudebec, en considération de ses services dans les guerres du feu roi Henri IV. — 20 juin 1610 ; expédiées le 23 mai 1612.

O (d'). L. P. p. érection de la terre et châtellenie de Franconville en marquisat, en faveur de Gabriel-Claude d'O. — Versailles, juin 1699 ; P. 7 septembre même année.

OBERKAMPF. L. P. p. anob. du sieur Oberkampf. — Versailles, mars 1787 ; P. 31 juillet même année.

O'BRIEN. L. P. p. naturalisation à Pierre O'Brien, natif d'Irlande. — Versailles, décembre 1725 ; P. 14 janvier 1726.

ODART BAILLOT. L. P. p. confirmation de noblesse à Nicolas Odart Baillot, sieur de Daure.—Fontainebleau, octobre 1703 ; P. 4 décembre même année.

O'FRIEL. L. P. p. naturalisation et reconnaissance de noblesse à Jacques O'Friel, natif d'Irlande. — Versailles, décembre 1750 ; P. 9 février 1751.

OGER. L. P. p. anob. de Philippe Oger, secrétaire du roi, de sa femme et de ses enfants. — 1364. Fol. 18.

O'KELLY FOREST. L. P. p. naturalisation et reconnaissance d'ancienne noblesse à Denis O'Kelly Forest. — Versailles, décembre 1756 ; P. 19 décembre 1757.

O'KENNY. L. P. p. naturalisation à Nicolas-Antonin O'Kenny, Irlandais.—Compiègne, juin 1728 ; P. 12 juillet même année.

O'KŒFF. L. P. p. naturalisation à Arthur O'Kœff, natif d'Irlande. — Versailles, octobre 1709 ; P. 5 avril 1710.

OLANLAINE. L. P. p. anob. des sieurs Hugues, Pierre et François Olanlaine. — 1667.

OLIVAREZ (d'). *Voir* BORAUD.

OLIVIER. L. P. p. anob. de Paul Olivier. — 1497. Fol. 57.

OLIVIER. L. P. p. anob. de Jacques Olivier. — 1697.

OLIVIER. L. P. p. union des terres et seigneuries de Senozan, la Salle, etc., et érection d'icelles en comté sous le nom de Senozan, en faveur du sieur David Olivier. — Marly, novembre 1710; P. 3 décembre même année.

OLIVIER. L. P. p. anob. de Joseph Olivier. — Fontainebleau, septembre 1726; P. 2 décembre même année.

OLPEZZO (d'). L. P. p. naturalisation à Amédée-Alphonse d'Olpezzo, marquis de Vauquerre. — Versailles, décembre 1686; P. 28 novembre 1687. — L. P. p. confirmation de celles du mois de décembre 1686, portant naturalisation à Amédée-Alphonse d'Olpezzo, en faveur d'Alphonse-Henri d'Olpezzo, prince de la Citerne, en Piémont. — Versailles, février 1758; P. 6 juillet même année.

O'MAHONY. L. P. p. reconnaissance de noblesse pour le comte O'Mahony. — Versailles, septembre 1788; P. 28 avril 1789.

O'NEIL. L. P. p. naturalisation à Jean O'Neil, Irlandais. — Versailles, juillet 1732; P. 13 janvier 1733.

ONFROY. L. P. p. anob. de Marin Onfroy, sieur de Saint-Sauveur, de Normandie, moyennant 400 écus d'or. — 12 janvier 1543; expédiées le 16 décembre 1544.

ORGER. L. P. p. naturalisation à Gauthier Orger, originaire d'Irlande. — Versailles, mars 1741; P. 20 avril même année.

ORGORMAN. L. P. p. naturalisation et reconnaissance de noblesse à Orgorman, natif du comté de Clarc en Irlande. — Versailles, février 1774; P. 3 mai 1775.

ORIGNY (d'). L. P. p. anob. des sieurs d'Origny. — Versailles, mai 1781; P. 23 juillet même année.

ORIGNY D'AGNY (d'). L. P. p. confirmation de noblesse et nouvel anob. de Ph.-Louis d'Origny d'Agny. — Versailles, juin 1755; P. 12 août même année.

ORIGNY-DAMPIERRE (d'). L. P. p. confirmation de noblesse et nouvel anob. d'Avent.-Philippe d'Origny-Dampierre. — Versailles, octobre 1761; P. 19 décembre même année.

ORIVAL (d'). L. P. p. anob. de Robert d'Orival, bourgeois de Paris, pour services à la guerre. — 12 mai 1375; expédiées le 22 décembre même année.

ORLEANS (d'). L. P. p. anob. de Jean d'Orléans, de Rennes, moyennant 150 livres. — 9 juin 1368; expédiées le 12 décembre même année.

O'ROURK. L. P. p. reconnaissance et maintenue d'ancienne noblesse aux sieurs Edmond et Patrice O'Rourk, natifs d'Irlande. — Fontainebleau, octobre 1770; P. 30 mars 1772.

O'ROURK. L. P. p. mandement pour l'enregistrement de celles du mois d'août 1759, portant naturalisation à Edmond et Patrice O'Rourk, natifs d'Irlande. — Versailles, 31 décembre 1770; P. 26 novembre 1771.

O'ROURK. L. P. p. naturalisation à Jean, comte O'Rourk, natif d'Irlande. — Compiègne, août 1771; P. 13 octobre même année.

ORSINI. L. P. p. naturalisation à François Orsini, chevalier, Italien de nation. — Versailles, février 1767; P. 13 avril même année.

OSANNE. L. P. p. anob. d'Antoine Osanne, sieur de Basille en Romois, moyennant 3000 livres. — 1574. Fol. 594.

OSBER. L. P. p. anob. de Jean Osber, pour services militaires. — 1551. Fol. 26.

OSSANDRON. L. P. p. anob. de Pierre Ossandron, commissaire des guerres. 1596.

OSSUN (d'). L. P. P. permission à Pierre-Paul, marquis d'Ossun, d'accepter la grandesse d'Espagne. — Versailles, février 1768; P. 21 mars 1770.

O'SULLIVAN. L. P. p. naturalisation à Jean O'Sullivan, natif d'Irlande. — Versailles, janvier 1750; P. 25 février même année.

OTHENIN. L. P. p. anob. de Richard-Guillaume Othenin, de Dijon, et de sa postérité. — 14 janvier 1365; expédiées le 7 octobre même année.

OUDART. L. P. P. anob. de Jean Oudart, bourgeois de Paris, moyennant 200 livres. — 7 novembre 1378; expédiées le 6 décembre même année.

OUDOT DE VAUROY. L. P. p. anob. de Jacques-Alexandre Oudot de Vauroy. — Saint-Germain, octobre 1667; P. 29 décembre 1668.

OUIN. L. P. p. anob. de Nicolas Ouin, receveur à Mâcon. — 1350. Fol. 17.

OURNEE (d'). L. P. p. naturalisation à Anne d'Ournée, native de Namur. — Paris, 3 janvier 1722; P. 5 juillet 1728.

OUTREMONT (d'). *Voir* Fagotin.

OUVRARD. L. P. p. anob. de Pierre Ouvrard, écuyer, sieur de Lafaudray. — 27 février 1668.

OUVRART. L. P. p. anob. d'André Ouvrart. — 1661.

OVARD. L. P. p. anob. de Jean Ovard, seigneur de Sonnay. — 1375. Fol. 139.

P

PACHY (de). L. P. p. confirmation de noblesse à Jean-Baptiste de Pachy, sieur de Saint-Aurin. — Meudon, juillet 1698; P. 6 septembre même année.

PAGE (le). *Voir* Le Page.

PAILLARD. L. P. p. anob. de Guillaume Paillard, et de Philippine, sa femme. — 1376. Fol. 152.

PAILLARD. L. P. p. anob. de Christophe Paillard, bourgeois de Paris, moyennant 704 livres. — 22 mai 1400; expédiées le 6 décembre même année.

PAILLARD. L. P. p. anob. de Philippe Paillard, notaire et secrétaire du roi. — 1409. Fol. 19.

PAILLEN. L. P. p. anob. de Jean Paillen, de Troyes, et de Jeanne, sa femme. — 1358.

PAILLOT. L. P. p. anob. de la maison de Nourri, Colombiers, Vergers, Garennes, etc., dépendant, en faveur du sieur Paillot. — Saint-Maur, octobre 1637; P. 2 décembre 1639.

PAINTEUR (le). *Voir* Le Painteur.

PAJOT. L. P. P. union de la terre et seigneurie de Saint-Aubin et Villiers-Houdan et autres fiefs à la terre et seigneurie d'Onsembray, et érection d'icelles en comté, en faveur de Léon Pajot. — Versailles, juillet 1702; P. 18 août 1704.

PALEDRETZ. L. P. p. anob. de Bertrand Paledretz, d'Ypres. — 1370.

PALLET (de). L. P. p. anob. de Jean de Pallet, avocat. — 16 avril 1595; expédiées et enregistrées en la C. des A:, 10 juillet 1597.

PALLET (du). L. P. p. anob. de Pierre du Pallet, capitaine de Dieppe. — 6 mars 1653; expédiées le 2 décembre même année.

PALLION DE TARTARA. L. P. p. anob. de Jean Pallion de Tartara. — Versailles, novembre 1696; P. 15 mai 1697.

PALLU. L. P. p. anob. de Jean Pallu. — 1695.

PALLU - DUPARC. L. P. p. anob. du sieur Pallu-Duparc. — Versailles, mars 1781; P. 8 mai même année.

PALOLI. L. P. p. anob. de Bernard Paloli, de ses frères et de leur postérité. — 1355.

PANNELLIER. L. P. p. anob. de Lucien Pannellier. — Versailles, janvier 1768; P. 4 mars même année.

PAPARIN. L. P. p. anob. de Jacques Paparin, sieur de Chaumont et de Château-Gaillard. — 7 février 1578.

PAPARIN. L. P. p. réhabilitation d'Edmonde Paparin, veuve de François Beverent, sieur de Souvieu, non noble. — 1er janvier 1610; C. des A., 1er juin 1612.

PAPILLON. L. P. p. anob. de Philippe Papillon, fils naturel d'Antoine Papillon, sieur de Parcy, et de Blanche Bouche. — 1601. Fol. 161.

PAPION DE TOURS. L. P. p. anob. du sieur Papion de Tours. — Versailles, octobre 1781; P. 14 mai 1782.

PAPON. L. P. p. anob. de Jean Papon, sieur de Macours, lieutenant général de forêts et maître des requêtes de la reine. — 1577. Fol. 321.

PAQUELLY. L. P. p. naturalisation à Pierre - Antoine Paquelly, natif de Brescia. — Paris, mars 1722; P. 20 mars 1724.

PAQUIS. L. P. p. confirmation de l'érection de la terre et châtellenie de Coullans en baronnie, en faveur de Denis - Louis Paquis. — Versailles, août 1722; P. 13 août 1723.

PARCHAPE. L. P. p. anob. de Marcelin Parchape. — 1634.

PARDIEU (de la). *Voir* De la Pardieu.

PARFAIT. L. P. p. anob. de Claude Parfait, bourgeois de Paris, moyennant 605 livres. — 13 août 1603; expédiées le 25 février 1605.

PARIS. L. P. p. anob. de Jacques Paris, sergent d'armes, d'Isabelle, sa femme, et de sa postérité, moyennant 400 écus. — 1395.

PARIS. L. P. p. anob. du sieur Paris, de l'Académie d'architecture. — Versailles, juin 1789; P. 29 août même année.

PARIS DE LA BROSSE. L. P. p. érection de la terre et seigneurie de Ponceault en marquisat, en faveur du sieur Paris de la Brosse. — Meudon, juin 1723; P. 30 août même année.

PARIS DE MONTMARTEL. L. P. p. érection de la terre et seigneurie de Brunoy en marquisat, en faveur de Paris de Montmartel. — Versailles, octobre 1757; P. 6 mars 1758.

PARIS (de). L. P. p. anob. du sieur de Paris. — Paris, janvier 1720; P. 29 avril même année

PARIS (le). *Voir* Le Paris.

PAROIS (du). L. P. p. anob. de Jean du Parois, sieur de la Fosse, avocat au parlement de Paris, moyennant 450 livres. — 2 novembre 1544; expédiées le 9 septembre 1545.

PARTENAYEUL (de). L. P. p. anob. de Jean de Partenayeul. — 1513. Fol. 133.

PAS (du). L. P. p. union des terres de Cré, la Bellotière, la Trachaudière, et érection d'icelles en baronnie, en faveur de dame Suzanne du Pas. — Paris, mai 1620; P. 1er juillet 1623.

PAS DE FEUQUIERES (du). L. P. p. érection des terres de Chardonnières, Feuquières et autres en marquisat, en faveur d'Isaac, comte du Pas, seigneur de Feuquières. — Paris, mai 1646; P. 29 janvier 1659.

PASQUET. l. p. p. anob. de Pierre Pasquet, sieur de Closlos. — Marly, mars 1702; P. 24 juillet même année.

PASQUET DE LA REVAUCHERE. l. p. p. anob. du sieur Pasquet de la Revauchère. — Versailles, mars 1782; P. 16 juillet même année.

PASQUIER. l. p. p. anob. d'Estienne Pasquier, avocat au parlement, pour ses recherches d'antiquités de la France. — 2 mars 1574. Fol. 285; enregistrées le 4 juin 1580.

PASQUIER. l. p. p. anob. de Jean Pasquier, prévôt de Montdidier. — 6 novembre 1591; expédiées le 14 octobre 1609.

PASQUIER. l. p. p. anob. de Pierre Pasquier. — 1702.

PASSART. l. p. p. anob. de Guillaume Passart, contrôleur de la maison du roi. — 1609.

PASSON. l. p. p. confirmation de noblesse à René Passon, sieur de Gastines. — Versailles, février 1697; P. 19 mars 1698.

PASTOURADE. l. p. p. anob. de Jean Pastourade, d'Epinay, et de sa femme. — 1378. Fol. 181.

PASTOUREAU. l. p. p. anob. de Jean Pastoureau, avocat du roi, et de Pétronille, sa femme. — 1365.

PATENOTRE. l. p. p. anob. de Guillaume Patenôtre, secrétaire du roi.— 1408. Fol. 76.

PATENOTRE. l. p. p. anob. de Pierre Patenôtre, valet de chambre du roi. — 1415. Fol. 76.

PATUREL. l. p. p. confirmation de l'érection de la terre de Vitry-sur-Seine en châtellenie, en faveur de Claude-François Paturel. — Versailles, novembre 1709; P. 23 décembre même année.

PATY. l. p. p. réhabilitation de Jacques Paty, jurat de Bordeaux.— 1607.

PAULE. l. p. p. anob. de Guy Paule, cuisinier du roi. — 1422. Fol. 111.

PAULMIER. l. p. p. anob. de Julien Paulmier, sieur de Vandœuvre, et de Gratemesnil, vicomte de Famise, médecin du roi. — 5 décembre 1585. Fol. 297; expédiées le 5 septembre 1586; enregistrées le 17 septembre même année.

PAUTEL. l. p. p. anob. du sieur Pautel, de Condé, de sa femme et de ses enfants. — 1396.

PAUX. l. p. p. anob. d'Adrien Paux.— Paris, avril 1621; P. 14 juin même année.

PECHAL. l. p. p. anob. de Jacques Péchal, sieur de la Motte. — 1702.

PECHEUR (le). Voir LE PÊCHEUR.

PECOLO. l. p. p. naturalisation de Jules Pecolo, sieur de Terracine, gentilhomme napolitain.— 13 août 1617; expédiées le 6 novembre même année.

PECQUET. l. p. p. anob. d'Antoine Pecquet.—Marly, juillet 1715; P. 13 juillet 1716.

PEGRELONGUE (de). l. p. p. anob. de David de Pegrelongue. — Paris, août 1719; P. 23 janvier 1720.

PEILLARD. l. p. p. anob. de Michel Peillard, prêtre, et de Michel, son neveu. — 1372. Fol. 104.

PELE. l. p. p. anob. de Jean Pelé. — 1447.

PELERIN. l. p. p. anob. de Jean Pelerin, moyennant une aumône. — 13 août 1688.

PELHOIR. l. p. p. anob. de Pierre Pelhoir. — 1513. Fol. 197.

PELIAQUE (de). l. p. p. anob. de Jean de Peliaque. — 1594. Fol. 90.

PELISSEAU. l. p. p. maintenue du sieur Pelisseau en sa noblesse. — St-Germain, 23 novembre 1670; P. 9 mars 1671.

PELLERIN. l. p. p. anob. de Joseph Pellerin. — Versailles, juin 1757; P. 17 mars 1758.

PELLERIN DE CHAMPLATEAU. l. p. p. anob. de Jacques Pellerin de Champlateau.—Versailles, décembre 1685; P. 20 mars 1687.

PELLETIER. l. p. p. anob. de Michel Pelletier. — Fontainebleau, octobre 1703; P. 28 février 1704.

PELLETIER. l. p. p. confirmation de noblesse à Louis-Auguste et Michel-Laurent Pelletier. — Versailles, 21 mars 1738; P. 28 mars même année.

PELLETIER (le). Voir Le Pelletier.

PELLOQUIN. l. p. p. anob. de Denis Pelloquin, seigneur de Bernières, maître des comptes à Rouen.—10 novembre 1582; expédiées le 20 avril 1583.

PELOUDE. l. p. p. anob. de Jean Peloude. — 1393.

PENILLON. l. p. p. confirmation de noblesse à Jean Penillon, sieur de Courbasson.—Versailles, mars 1701; P. 22 novembre même année.

PENISSON. l. p. p. anob. de Nicolas Penisson. — 1701.

PENNENCOURT (de). Voir Lennox.

PEQUOINT (de). l. p. p. confirmation et maintenue de noblesse en faveur de la veuve de Noël de Pequoint, député de Dunkerque, et de ses enfants, moyennant une aumône de 200 écus d'or. — 1728.

PERCHE (de). l. p. p. anob. de Denis de Perche et de sa postérité.— 1391. Fol. 45.

PERCHE (le). Voir Le Perche.

PERCHES (de). l. p. p. anob. d'Albéric de Perches, de Nantes, moyennant 200 écus d'or. — 4 novembre 1518, expédiées le 12 novembre 1519.

PEREGRIN. l. p. p. anob. de Thomas Peregrin et de sa femme. — 1389. Fol. 24.

PEREL. l. p. p. anob. de Georges Perel. —1589. Fol. 139.

PERENEY. l. p. p. anob. d'Edme Pereney, sieur de Grosbois, moyennant 50 livres. — 1706.

PERENEY DE GROSBOIS. l. p. p. confirmation de noblesse à Edme-Louis Pereney de Grosbois.—Versailles, août 1706; P. 22 janvier 1707.

PERGAME (de). l. p. p. anob. de Jean de Pergame, de Montaigu, et de sa postérité. — 1371.

PERGANT. l. p. p. naturalisation et anob. de Guy Pergant. — 1496.

PERGIER. l. p. p. anob. de Jean Pergier, né de père et mère libres, et de sa femme. — 1398.

PERICART. l. p. p. anob. de Nicolas Pericart, de Troyes, de libre condition. — 1433. Fol. 148.

PERICHEPRE (de). l. p. p. anob. de François de Perichepre, à Péronne, pour voyages à Jérusalem. — 1589. Fol. 69.

PERINEL. l. p. p. érection de la terre de Peseau en châtellenie, en faveur de David-Pierre Perinel. — Versailles, mai 1757; P. août même année.

PERNEL (de). l. p. p. anob. de Joseph-Pierre de Pernel.—Versailles, 15 décembre 1759; P. 27 mars 1760.

PERNOL DU MAY. l. p. p. anob. de Louis-Antoine-Jean Pernol du May. — Versailles, septembre 1772 ; P. 4 janvier 1774.

PERNOT. l. p. p. anob. de Denis-Dominique Pernot.—Versailles, janvier 1754; P. 1er mars 1755.

PEROCHEL. l. p. p. érection de la terre et seigneurie de Souesme en châtellenie, en faveur du sieur Pérochel. —Paris, juin 1643; P. 19 mars 1646. —l. p. p. mandement pour l'enregistrement de celles du mois de juin 1643, portant érection de la terre de Souesme en châtellenie, en faveur du sieur Pérochel. — Paris, novembre 1645; P. 19 mars 1646.

PERON. l. p. p. anob. de Robert Peron, de libre condition. — 1410. Fol. 21.

PERONNET. l. p. p. anob. de J.-Rodolphe Peronnet. — Versailles, mars 1763; P. 16 mai même année.

PERONNIE (de la). Voir De la Peronnie.

PEROT. l. p. p. anob. de Jean Perot. — 1512. Fol. 58.

PERRAIN. l. p. p. anob. de Jacques Perrain. 1578.— Fol. 409.

PERREIN. l. p. p. anob. de Jean Perrein, sieur de Montloup, lieutenant au bailliage de Forez. — 18 mai 1609; C. des A. 17 août même année.

PERRIER. l. p. p. anob. de Pierre Perrier. — 1449. Fol. 64.

PERRIERES (des). Voir Des Perrieres.

PERRIN. l. p. p. anob. de Jean Perrin, sieur de la Corre et de Villechoix, l'un des cent gendarmes de la maison du Roi. — 7 mai 1609; enregistrées le 17 août même année.

PERRIN. l. p. p. anob. de Jacques Perrin de Villechaise, et de Jean Perrin, sieur de Saint-Maximien, enfants de Jean, châtelain de Montbrison. — 1609.

PERRON (de). l. p. p. anob. de Nicolas du Perron, de Dieppe, moyennant 400 écus et 40 livres de rente aux pauvres. — 14 février 1543; expédiées le 26 novembre même année.

PERROT. l. p. p. anob. de Pierre Perrot, sieur de la Croslaye, sénéchal de Ploërmel, moyennant 1000 livres. — 6 décembre 1671.

PERSEVAL. l. p. p. anob. de Pierre Perseval. — Paris, avril 1721; P. 27 juin même année.

PERTICOT. l. p. p. anob. d'Antoine Perticot.—Paris, novembre 1718; P. 11 mai 1719.

PERUZE DES CARS (de). l. p. p. permission au sieur de Peruze des Cars de porter les nom et armes de Bourbon-Malauze. — Versailles, septembre 1779; P. 7 septembre même année.

PETIGNY (de). l. p. p. anob. de Louis-Joseph de Petigny. — Versailles, janvier 1768; P. 20 janvier même année.

PETIGNY DE SAINT-ROMAIN. l. p. p. anob. du sieur Petigny de Saint-Romain. — Versailles, novembre 1781; P. 6 août 1782.

PETINOT. l. p. p. anob. d'Ennemond-Alexandre Petinot. — Versailles, mai 1760; P. 25 juin même année.

PETIT. l. p. p. anob. d'Hélie Petit. — 1494. Fol. 2.

PETIT. l. p. p. anob. de Pierre Petit. — Paris, juin 1616; P. 11 décembre 1617.

PETIT. l. p. p. anob. de François Petit. — Versailles, juillet 1760; P. 4 décembre même année.

PETIT D'ANTHIEULE. l. p. p. anob. du sieur Petit d'Anthieule. — Fontainebleau, novembre 1785; P. 7 février 1786.

PETIT DE DRACY. l. p. p. permission au sieur Petit de Dracy de porter les noms et armes de du Motet. — Versailles, juillet 1786; P. 3 avril 1787.

PETIT DE MONT-GERMAIN. l. p. p. anob. de Christophe Petit de Mont-Germain. — Versailles, mars 1746; P. 27 mai même année.

PETIT-JACQUES. l. p. p. anob. de Jean Petit-Jacques, de basse extraction, et de sa postérité. — 1440.

PETIT-JEAN. l. p. p. anob. de Didier Petit-Jean, dit Labbé.—1570. Fol. 67.

PETIT (le). Voir Le Petit.

PETITOT. l. p. p. anob. de François-Augustin Petitot. — Compiègne, juillet 1771; P. 18 janvier 1772.

PETOT. l. p. p. anob. de Guillaume Petot, de libre condition, et de sa postérité. — 1396.

PETRE. l. p. p. anob. de Jean Pétré.— Compiègne, juillet 1667; P. 6 septembre 1668.

PEUNG (de). l. p. p. anob. de Gauthier de Peung.— 1640.

PEUTRE (le). Voir Le Peutre.

PEVRIER (le). Voir Le Pevrier.

PEYRAT. l. p. p. anob. de Jean et Henri Peyrat. — Versailles, octobre 1723; P. 8 janvier 1724.

PEYSTER (de). l. p. p. naturalisation à Frédéric de Peyster. — Versailles, 2 décembre 1755; P. 8 mai 1756.

PHAULCON. l. p. p. naturalisation à Constance Phaulcon, premier ministre du roi de Siam, et à ses enfants. — Versailles, février 1689; P. 12 mars même année.

PHELIPEAUX DE PONTCHARTRAIN. l. p. p. confirmation de l'érection de la terre de Beyne en baronnie, en faveur de Louis Phelipeaux de Pontchartrain. — Marly, février 1713; P. 6 mars même année. — l. p. p. confirmation de l'érection du marquisat d'Illiers, en faveur de Louis Phelipeaux. — Marly, mai 1714; P. 15 mai même année.

PHELIPEAUX DE PONTCHARTRAIN. l. p. p. union des terres de Melleran et Chefboutonne, et érection d'icelles en marquisat, en faveur de Jérôme Phelipeaux, comte de Pontchartrain. — Versailles, juin 1713; P. 18 août 1714. — l. p. p. union de la baronnie de Beyne au comté de Pontchartrain. — Marly, juillet 1713; P. 12 décembre 1714. — l. p. p. érection de la terre et seigneurie de Pallineau en comté, en faveur de Jérôme Phelipeaux, comte de Pontchartrain. — Versailles, décembre 1713; P. 8 juin 1714. — l. p. p. érection de la châtellenie de l'Ile-Bouin en baronnie en faveur de Jérôme Phelipeaux, comte de Pontchartrain. — Versailles, décembre 1713; P. 8 juin 1714. — l. p. p. union de plusieurs terres et seigneuries au marquisat de Châteauneuf-sur-Loire, en faveur de Jérôme Phelipeaux, comte de Pontchartrain. — Marly, mai 1715; P. 17 mai même année.

PHELIPEAUX DE PONTCHARTRAIN. l. p. p. érection de la vicomté de Lyons, Bracourt et Forestel, en faveur du sieur Phelipeaux de Pontchartrain. — Paris, avril 1720; P. 25 avril même année. — l. p. p. érection du comté de Nervieu, en faveur du sieur Phelipeaux de Pontchartrain. — Paris, avril 1720; P. 25 avril même année.

PHELIPEAUX DE SAINT-FLORENTIN. l. p. p. érection du marquisat de Châteauneuf en duché héréditaire sous le nom de la Vrillière, en faveur de Louis Phelipeaux, comte

de Saint-Florentin. — Versailles, juin 1770; P. 22 juin même année.

PHILBERT. l. p. p. union de justices à la terre de Fontaine, en faveur de J.-François Philbert. — Camp de Melis, avril 1745; P. 26 mars même année.

PHILIBERT. l. p. p. anob. de Melchior Philibert. — Paris, février 1722; P. 15 avril même année.

PHILIPPE. l. p. p. anob. de Guillaume Philippe, sieur de Souville. — Versailles, mai 1704; P. 7 février 1705.

PHILIPPE. l. p. p. maintenue de noblesse à Jean-Antoine Philippe. — Versailles, 4 avril 1744; P. 30 avril même année.

PHILIPPE. l. p. p. confirmation de noblesse à Jean-Baptiste Philippe. — Versailles, 6 mars 1749; P. 30 avril même année.

PHILIPPE. l. p. p. anob. de Nicolas Philippe. — Fontainebleau, novembre 1749; P. 16 janvier 1750.

PHILIPPES. l. p. p. confirmation de noblesse au sieur Philippes. — Saint-Germain, mars 1676; P. 6 septembre 1679.

PHILIPPON. l. p. p. anob. de Thomas Philippon. — 1444. Fol. 177.

PHILIPPOT. l. p. p. anob. de Jean Philippot, sieur de la Cospraye, de l'évêché de Rennes, moyennant 1000 livres. — 28 mai 1669; expédiées le 8 décembre même année.

PHINES (de). l. p. p. anob. de Pierre de Phines, sieur de la Chartronnière. — Versailles, novembre 1699; P. 3 février 1700.

PIARRON. l. p. p. anob. de Lambert Piarron. — 1699.

PI...... l. p. p. anob. de Jacques Picard, lieutenant criminel au présidial d'Amiens. — 17 décembre 1588.

PICARD. l. p. p. anob. d'Etienne Picard, porte-manteau du roi. — 1642.

PICARD. L. P. p. anob. de Gaspard Picard des Guyons et Jean Picard de Launay. — Versailles, octobre 1741; P. 16 mars 1742.

PICAULT. L. P. p. anob. de Jean Picault, sieur de la Puandret, lieutenant de la prévôté de l'hôtel. — 1639.

PICHARD. L. P. p. anob. de Remy Pichard, conseiller et médecin. — 9 août 1612; enregistrées par lettres de jussion le 2 janvier 1613.

PICHARD. L. P. p. anob. d'Antoine Pichard, pour services militaires. — 1625.

PICHARD. L. P. p. anob. des sieurs Joseph et Germain Pichard, frères. — 1668.

PICHAULT DE LA MARTINIÈRE. L. P. p. anob. de Germain Pichault de la Martinière. — Versailles, juin 1749; P. 21 juillet même année.

PICHON. L. P. p. anob. de Robert Pichon, de Bordeaux. — 1590.

PIDOUX. L. P. p. anob. de René Pidoux. — 1557.

PIEDLEVE. L. P. p. anob. de Jean Piedlevé, sieur de la Picardière et de Rougeval, moyennant 700 livres. — 18 juillet 1594; expédiées le 6 mai 1595.

PIERRON. L. P. p. anob. de Humbert Pierron. — Versailles, décembre 1698; P. 20 février 1699.

PIGALLE. L. P. p. anob. de Jean-Baptiste Pigalle. — Versailles, décembre 1768; P. 7 mars même année.

PIGANNIERE (de la). *Voir* DE LA PIGANNIÈRE.

PIGEON. L. P. p. anob. d'Edouard Pigeon, bourgeois de Paris, moyennant 400 livres. — 4 décembre 1395.

PIIS (de). L. P. p. légitimation du sieur de Piis. — Versailles, novembre 1784; P. 30 août 1785.

PILART. L. P. p. anob. des sieurs Jean-Baptiste et Louis Pilart, frères. — 12 septembre 1667.

PILLEBEL. L. P. p. anob. de Pierre Pillebel et de sa postérité. — 1397. Fol. 108.

PILLOIS (le). *Voir* LE PILLOIS.

PILLON. L. P. p. anob. de Pierre Pillon, sieur Dubreuil, grainetier à Pont-Audemer, moyennant 500 écus. — 24 septembre 1543.

PILLOT. L. P. p. anob. de Louis Pillot. — Paris, mai 1723; P. 6 juillet même année.

PIMBREL DE BIEZ. L. P. p. anob. de René Pimbrel de Biez. — Versailles, 24 mai 1728; P. 1er juillet même année.

PINART. L. P. p. érection de la terre de Loupnois et autres en marquisat, en faveur du sieur Claude Pinart. — Paris, ... 1625; P. 7 juillet 1626. *Voir* LE CAMUS.

PINATTY. L. P. p. anob. de Jean-Jacques Pinatty, citoyen de Lyon. — Saint-Germain-en-Laye, septembre 1623; P. 1er mars 1624.

PINAULT. L. P. p. anob. du sieur Nicolas Pinault. — Saint-Germain-en-Laye, février 1639; P. 13 avril même année.

PINAULT. L. P. p. anob. de Quentin Pinault, chevau-léger. — 1645.

PINAULT. L. P. p. confirmation de l'anob. de René, Pierre et Nicolas Pinault, fils de feu Nicolas Pinault, sieur de Bonnefonds. — Saint-Germain, octobre 1670; P. 12 mars 1672.

PINEAU. L. P. p. anob. du sieur Nicolas Pineau. — ..... décembre 1638; P. 15 mai 1654.

PINEAU. L. P. p. anob. du sieur Charles Pineau. — Paris, août 1651; P. 5 mai 1654.

PINEAU. L. P. p. anob. de Jacques Pineau, sénéchal de Blain, évêché de Nantes, moyennant 1000 livres. — 22 mars 1669; expédiées le 28 décembre même année.

PINEAU DE VIENNOY. L. P. P. confirmation de l'anob. de M' Charles Pineau de Viennoy. — Versailles, mars 1673; P. 8 mai 1675. *Voir* ROLLAND.

PINEL. L. P. P. anob. de Guillaume Pinel. — 1654.

PINEL. L. P. P. anob. de Jérôme Pinel, procureur du roi du grenier à sel de Pont-Audemer. — 1655.

PINELLE. L. P. P. anob. de Jean-Jacques Pinelle, pour avoir établi la manufacture de Camelots. — 1624.

PINGRE. L. P. P. anob. de Pierre Pingré. — Versailles, février 1698; P. 29 avril même année.

PINGUET. L. P. P. anob. de François Pinguet. — 1699.

PINON. L. P. P. érection de la terre et seigneurie de Quincy en vicomté, en faveur du sieur Pinon. — Paris, mai 1646; P. 1er août même année.

PINON. L. P. P. union de tous les fiefs dépendant de la seigneurie de Vitry-sur-Seine en une seule justice et érection d'icelle en châtellenie, en faveur du sieur Pinon. — Paris, avril 1656; P. 27 juin même année.

PINOT. L. P. P. anob. de Gabriel Pinot, président à l'élection de Melun. — 1609.

PINROUSSEL. L. P. P. anob. des sieurs Isaac et Etienne Pinroussel, enfants de Claude, maître de la ville de la Rochelle. — 1615.

PINSON. L. P. P. anob. de Jean Pinson, sieur de Laddé, de l'évêché de Rennes, moyennant 1000 livres. — 16 février 1669.

PINSON. L. P. P. anob. de Louis-René Pinson. — Versailles, juin 1754; P. 13 décembre même année.

PINSONNIERE (de la). *Voir* DE LA PINSONNIÈRE.

PIO. L. P. P. naturalisation de Gaston-Félix-Innocent Pio, natif de Ferrare. — Fontainebleau, octobre 1745; P. 16 décembre même année.

PIOCHARD DE LA BRULERIE. L. P. P. anob. de J.-Etienne Piochard de la Brulerie. — Versailles, avril 1743; P. 4 janvier 1744.

PIOT DE COURCELLES. L. P. P. anob. d'Eloy Piot de Courcelles. — Versailles, décembre 1744; P. 8 mai 1745.

PIPERAY. L. P. P. anob. de Jacques Piperay, directeur général des monnaies, de Normandie. — 6 septembre 1598; expédiées le 29 juin 1610.

PIQUE. L. P. P. anob. d'Olivier Piqué et de sa postérité. — 1402. Fol. 14.

PIQUET. L. P. P. décoration du titre de chevalier à Claude Piquet, seigneur de Saultour et de Crespinières. — Paris, mai 1618; P. 6 mai 1621. — L. P. P. mandement pour l'enregistrement de celles du mois de mai 1618 portant décoration du titre de chevalier à Claude Piquet, seigneur de Saultour et des Crespinières, nonobstant leur défaut d'adresse. — Saint-Germain-en-Laye, 22 mars 1621; P. 6 mai même année.

PIRTIERS. L. P. P. naturalisation de Jean-François et Pierre Pirtiers, frères, natifs d'Annecy. — Compiègne, mai 1729; P. 14 juin même année.

PITATOUIN DE LA TOUCHE. L. P. P. anob. du sieur Pitatouin de la Touche. — Versailles, août 1781; P. 18 janvier 1782.

PITHON. L. P. P. anob. de Jacques Pithon. — 1701.

PITHOU. L. P. P. érection de la terre et seigneurie de la Rivière de Carps et des dépendances en châtellenie, en faveur du sieur Pithou. — Fontainebleau, septembre 1644; P. 16 février 1646.

PITONEL. L. P. P. anob. de Nicolas Pitonel, bourgeois de Paris, de condition libre, et de sa postérité. — 1403. Fol. 127.

PITRE. L. P. P. anob. de Jean Pitre. — 1670.

PITTART DE VINGUEVILLE. L. P. P. anob. du sieur Pittart de Vingueville. — Paris, mai 1643; P. 11 août 1643.

PIVAIN. l. p. p. anob. de Guillaume Pivain, d'Auge, moyennant 200 écus. — 6 septembre 1554; expédiés le 11 février 1555.

PLACE (de). l. p. p. anob. du sieur de Place.— Paris, ... 1631; P. 7 avril 1626.

PLAMESECH. l. p. p. naturalisation de François Plamesech, natif de Bohême. —Versailles, février 1766; P. 24 mars même année.

PLANCHE (de la). Voir Laplanche (de).

PLANGEON. l. p. p. anob. de Jean Plangeon, bailli d'Estouteville. —10 janvier 1598; expédiées le 22 mars 1611.

PLANTEVEL. l. p. p. anob. d'Antoine Plantevel. — 1508. Fol. 67.

PLANTEVIL. l. p. p. anob. de Pierre Plantevil. — 1509. Fol. 312.

PLATIN (de). l. p. p. naturalisation à Amélie-Ernestine de Platin, née comtesse de Sallermande et du Saint-Empire, épouse du sieur comte de Saint-Florentin. — Versailles, décembre 1743; P. 19 décembre même année.

PLESSARD. l. p. p. anob. de Richard Plessard, sieur de Montferrand, pour services. — 13 avril 1580; expédiées le 22 mars 1611.

PLESSIS (du). l. p. p. érection de la terre et seigneurie de Liancourt en marquisat, en faveur de Roger du Plessis, duc de la Rocheguyon. — Nancy, août 1673; P. 5 janvier 1674.

PLESSIS (du). l. p. p. union du fief des Pins en la ville et environs de Beaugé et châtellenie de Cheviré à la terre et seigneurie de Sargé, et érection d'icelle en marquisat, en faveur de Marie-Urbain-René du Plessis.—Versailles, avril 1694; P. 16 mars 1695.

PLESSIS-LIANCOURT (du). l. p. p. érection de la terre de Montfort-le-Rotrou en marquisat, en faveur du sieur du Plessis, sieur de Liancourt. — Tours, février 1616; P. 7 juillet 1662.

PLESSIS DE RICHELIEU (du). l. p. p. érection de la terre et seigneurie de Richelieu en pairie, en faveur d'Armand-Jean du Plessis de Richelieu, cardinal. — Mousseaux, août 1631; P. 12 septembre même année.

PLESSIS DE RICHELIEU (du). l. p. p. union des terres de Champigny-la-Jeusse et autres au duché de Richelieu. — Versailles, février 1769; P. 27 juillet même année.

PLEUDE (de). l. p. p. anob. de Guillaume de Pleude, bourgeois de Troyes, et de sa postérité. — 1410. Fol. 22.

PLEURES (de). l. p. p. anob. de Guillaume de Pleures, d'Angers, moyennant 270 livres. — 12 avril 1671.

PLEURRE (de). l. p. p. érection de la baronnie de Pleurre en marquisat, en faveur de Mᵉ de Pleurre. — Paris, 3 février 1661; P. 11 mars même année.

PLIMENT. l. p. p. anob. de Bernard Pliment, sieur de la Bertraudie, l'un des cent gentilshommes de l'ancienne Bande de la maison du roi. — 1636.

PLUMEAU. l. p. p. anob. de Charles Plumeau. — Fontainebleau, juillet 1636; P. 7 avril 1659.

PODE (de). l. p. p. anob. de Jacques de Pode, fils de Pierre, de libre condition. — 1391. Fol. 43.

POIGNANT. l. p. p. anob. de Pierre Poignant, pour services militaires. — 9 mai 1360; expédiées le 30 novembre même année.

POIGNANT. l. p. p. anob. de Thomas Poignant, de Rouen, de sa femme, de condition libre, et de leur postérité. — 1392. Fol. 50.

POIGNANT. l. p. p. anob. de Jacques Poignant et de sa postérité. — 1404. Fol. 138.

POIGNANT. l. p. p. anob. de Pierre Poignant.—1466. Fol. 177.

POIGNANT. l. p. p. anob. de Jean Poignant, fils de Pierre. — 1639.

POIGNANT. l. p. p. réhabilitation de Claude Poignant. — 1665.

POIGNET DE LA BLINIÈRE. l. p. p. anob. de Louis Poignet de la Blinière.—Paris, mars 1720; P, 21 mars même année.

POIGNY (de). l. p. p. anob. de Jean de Poigny, d'Arcis-sur-Aube. — 1393. Fol. 54.

POIRÉE. l. p. p. anob. de Joseph Poirée, de Saint-Malo, moyennant 2000 livres. — 20 janvier 1669; expédiées le 21 décembre même année.

POIREL. l. p. p. anob. de Nicolas Poirel, sieur de Grandval. — 1643. — l. p. p. confirmation de noblesse du dit. — 1668.

POIRSON (de). l. p. p. union de la terre et érection du marquisat de Chamarande, en faveur d'Adrien-François de Poirson. — Versailles, mars 1745; P. 18 mai même année.

POISAUD. l. p. p. anob. d'Antoine Poisaud, sieur de la Douze. — Versailles, juillet 1699; P. 30 juillet 1700.

POISSANT. l. p. p. anob. de Jean Poissant, conseiller du duc de Bourgogne. —1407. Fol. 167.

POISSON. l. p. p. anob. de René Poisson. — 1698.

POISSON DE VANDIÈRES. l. p. p. érection de la terre et seigneurie de Marigny en marquisat, en faveur d'Abel Poisson de Vandières.—Versailles, septembre 1754; P. 22 janvier 1755.

POISSON. *Voir* Guyrron.

POISSONNET. l. p. p. anob. de Guyot Poissonnet, de Huguette, sa femme, et de leur postérité. — 1398.

POISSONNET. l. p. p. anob. de Guillaume Poissonnet. — 1698.

POISSONNIER. l. p. p. anob. de Pierre Poissonnier. — Versailles, 15 mai 1769; P. 13 juillet même année.

POITEVIN. l. p. p. anob. du sieur Poitevin. — Versailles, juin 1783; P. 12 janvier 1784.

POITIERS. l. p. p. réhabilitation et confirmation de noblesse aux sieurs Jean et Charles Poitiers, frères. — 1701.

POITREAU (de). l. p. p. anob. de Rodolphe de Poitreau, valet de chambre du duc d'Orléans, de libre condition, et de sa postérité. — 1387. Fol. 6.

POIVRE. l. p. p. anob. de Pierre Poivre. — Versailles, décembre 1766; P. 19 janvier 1767.

POLIGNAC (de). l. p. p. légit. et anob. de François de Polignac, fils naturel de François et de demoiselle Louise de Monteil. — 7 décembre 1643; expédiées le 30 décembre même année.

POLLARD. l. p. p. confirmation de noblesse à Louis-Samuel Pollard, sieur d'Inville. — Versailles, avril 1700; P. 23 août même année.

POMMERADE (de la). *Voir* De la Pommerade.

POMMEREU (de). l. p. p. renouvell. de l'érection de la terre de Ricey en marquisat, en faveur de Jean-Baptiste de Pommereu. — Paris, mars 1718; P. 23 août même année.

POMPÉE. l. p. p. anob. de Claude Pompée, de Loudun.—1391. Fol. 53.

POMPONIER. l. p. p. anob. de Pierre Pomponier, sieur de Cherlieu, et de Lucine, sa femme. — 1372.

PONATIC. l. p. p. anob. de Louis Ponatic. — 1697.

PONCE. l. p. p. anob. de Pierre-Mathieu Ponce.—Versailles, septembre 1769; P. 3 mai 1770.

PONCEL. l. p. p. anob. de Jacques Poncel. — 1496.

PONCEL. l. p. p. anob. de N...Poncel. —1528. Fol. 276.

PONCELET. l. p. p. anob. de Geoffroy Poncelet, de sa femme et de leur postérité. — 1370.

PONCET. l. p. p. anob. de Pierre Poncet, de Saint-Seine, en Bourgogne, de sa femme et de sa postérité. — 1397.

PONCET, l. p. p. union de terre et seigneurie à celle d'Ably près Montfort, et érection d'icelle en comté, en faveur du sieur Poncet, maître des requêtes. — Paris, février 1658; P. 19 août même année.

PONCHAVAL, l. p. p. anob. de Jean-Baptiste Ponchaval, de Pontuac, gentilhomme ordinaire de monseigneur le duc d'Orléans. — 1674.

PONSOLE (de), l. p. p. anob. de Gérard de Ponsole, bourgeois d'Aurillac. — 1371.

PONSSEROL DE POUILLAT (de), l. p. p. anob. de Jean-Baptiste de Ponsserol de Pouillat. — Versailles, octobre 1674; P. 29 mars même année.

PONT (de). l. p. p. anob. de Guillaume de Pont. — 1423.

PONT DE GUERIN. l. p. p. anob. de N. Pont de Guérin. — 1447.

PONTAC (de). l. p. p. anob. d'Arnaud de Pontac, de Béarn — 16 mars 1513; expédiées le 30 novembre même année.

PONTENEUF. l. p. p. anob. de Jean Ponteneuf, capitaine d'une compagnie de gens de pied. — 16 janvier 1597; expédiées le 12 décembre même année.

PONTHIEU (de). l. p. p. anob. de Philippe de Ponthieu, de Bretagne. — 17 février 1460; expédiées le 6 décembre même année.

PONTILLAC (de). l. p. p. anob. de Pierre de Pontillac. — 1385. Fol. 213.

PONTIS (de). l. p. p. anob. de Louis de Pontis, sieur de la Tour. — Versailles, juin 1696; P. 20 août même année.

PONTOISE (de). l. p. p. anob. de Richard de Pontoise, pour services militaires. — 28 janvier 1553; expédiées le 26 novembre même année.

PONTOZ (de). l. p. p. anob. du sieur de Pontoz et de ses enfants, eux et leurs hoirs mâles et femelles. — Thouars, janvier 1481; P. 4 février même année.

POPILLARD. l. p. p. anob. de Guillaume Popillard. — 1495. Fol. 13.

PORADES (de). l. p. p. anob. de Bernon de Porades. — 1443. Fol. 78.

PORCHER. l. p. p. anob. de Gilles Porcher, de Joigny, de sa femme et de sa postérité, moyennant 800 livres — 14 avril 1366; expédiées le 2 décembre même année.

PORCHER. l. p. p. anob. de Guy Porcher, clerc du trésor royal, d'Egide sa femme et de leur postérité. — 1397.

PORCHER (le). Voir Le Porcher.

PORCHIER. l. p. p. anob. d'Etienne Porchier, servant d'armes du roi, et de sa postérité. — 1364.

PORGENETTE. l. p. p. anob. de Michel Porgenette, et de sa postérité. — 1363.

PORLESAUX. l. p. p. anob. de Pierre Porlesaux, de Bayeux, et de sa postérité. — 1397.

PORTAIL (de). l. p. p. anob. de Durand de Portail. — 12 décembre 1374; expédiées le 20 juillet 1375.

PORTAL. l. p. p. anob. du sieur Portal, médecin. — Fontainebleau, novembre 1785; P. 28 août 1786.

PORTE (de). l. p. p. anob. de Jean de Porte, de Saint-Florentin, à Sens. — 1375. Fol. 117.

PORTE (de la). Voir Delaporte.

POTHEREL. l. p. p. maintenue en sa noblesse de Pierre Potherel. — Paris, 15 décembre 1716; P. 10 mars 1717.

POTIER (le). Voir Le Potier.

POTIER DE GEVRES. l. p. p. érection de la terre et seigneurie de Nanteuil-sur-Marne en châtellenie, en faveur de Louis Potier, sieur de Gèvres. — Paris, février 1600; P. 24 avril même année. — l. p. p. union des terre et seigneurie du grand et petit Sceaux, Bourg-la-Reine, Fontenay, Châtenay et autres fiefs, et érection d'icelles en châtellenie de Sceaux avec toute justice, en faveur de Louis Potier, sieur de Gèvres. — Paris, décembre 1611; P. 10 janvier 1612.

POTIN. l. p. p. anob. de Jean Potin, le jeune. — 1359. Fol. 109.

POTRELOT DE GRILLON. l. p. p. anob. d'Edouard Potrelot de Grillon. —Versailles, avril 1759; P. 17 mai même année.

POUCHER. *Voir* Roxécourt.

POUGEOISE. l. p. p. anob. de Hémard Pougeoise, trésorier de France, et de sa postérité. — 1365.

POULAIN. l. p. p. anob. de François Poulain, sieur de la Foresterie. —Versailles, septembre 1697; P. 18 janvier 1698.

POULAIN. l. p. p. anob. de François Poulain. — 1698.

POULAIN. l. p. p. naturalisation à J.-Michel Poulain, natif de Bruxelles. — Fontainebleau, novembre 1737; P. 7 janvier 1738.

POULET. l. p. p. anob. de Pierre Poulet, lieutenant général à Laon. — 22 mai 1617; expédiées le 1er décembre même année.

POULET. l. p. p. anob. de Claude Poulet, dit le Chevalier de Saint-Germain. — 23 novembre 1667.

POULET. l. p. p. anob. de François-Annibal Poulet.— 1669.

POULLAIN. l. p. p. anob. de Pierre Poullain, sieur du Housseau, de Nantes, moyennant 1000 livres. —12 janvier 1669; expédiées le 22 novembre même année.

POUPART. l. p. p. anob. de J.-Abraham Poupart.—Versailles, avril 1769; P. 11 mai même année.

POUSSARD. l. p. p. confirmation de noblesse à Laurent Poussard, bourgeois de Rupelles, et de sa postérité. — 1351.

POUSSART. l. p. p. érection de la terre et seigneurie de Fois en marquisat, en faveur de François Poussart, sieur de Vigeau. — Saint-Germain-en-Laye, mai 1639; P. 30 août 1640.

POUSSE. l. p. p. anob. du sieur Pousse. — Fontainebleau, octobre 1752; P. 31 mai 1756.

POUSSEMOTTE DE GRAVILLE. l. p. p. confirmation des titres et nouvelle érection des terres de Graville et comté d'Héricy en baronnie, en faveur de Jean-Edouard Poussemotte de Graville. — Fontainebleau, octobre 1685 ; P. 31 août 1689.

POUSSINEAU. l. p. p. confirmation et nouvelle érection de la terre et seigneurie de la Mothe et divers fiefs en châtellenie, en faveur de Godefroy Poussineau de la Mothe-sur-Croutif, en Poitou. —Compiègne, juin 1740; P. 6 mai 1741.

POUSTART. l. p. p. érection de la terre et seigneurie d'Azais Poupolinière en châtellenie, en faveur d'Augustin Poustart. — Marly, novembre 1731; P. 12 décembre 1732.

PRADEL (de). l. p. p. anob. de Jacques de Pradel, lieutenant général et maire d'Uzerches, en Limousin. — 1700.

PRADEL-AUTHERIN (de). l. p. p. confirmation de noblesse à Jean-François de Pradel-Autherin, habitant de Lyon. — Saint-Germain-en-Laye, mars 1643; P. 4 août 1645.

PRAT (du). l. p. p. anob. d'Etienne du Prat, sieur de la Cautonière, capitaine d'une compagnie de gens de pied, pour services. — 18 mars 1592; expédiées le 16 juin 1509.

PRE DE FAINS (de). l. p. p. érection du marquisat de Fains pour le sieur de Pré de Fains. — Versailles, août 1781; P. 21 février 1783.

PRELAQUEL. l. p. p. anob. de Bertrand Prelaquel, de Novion, conseiller du roi. — 1387. Fol. 10.

PRESSEING (de). l. p. p. naturalisation de Sigismond-Frédéric de Presseing, natif de Rothembourg, et de Marie-Maximilienne-Françoise de Longeville, son épouse, native de Bruxelles, et de leurs enfants.—Versailles, mars 1739; P. 3 juillet même année.

PRESTAUD. l. p. p. anob. de Georges Prestaud, officier du comte de Valentinois, de sa femme et de sa postérité. — 1411. Fol. 29.

PRET. l. p. p. anob. d'Hilaire Prét, sieur de Beaurepaire. — Versailles, mars 1789; P. 4 mars même année.

PRÊTRE (le). *Voir* LE PRÊTRE.

PRÉVOT. L. P. p. anob. de Nicolas Prévot, — 1375.

PRÉVOT. L. P. p. anob. de Gabriel Prévot, — 1652.

PRÉVOT. L. P. p. anob. de Gabriel Prévot, de Bellefonds. — 1668.

PRÉVOT. L. P. p. anob. de Pierre Prévot, sieur du Barail. — 1668.

PRÉVOT DE GAGEMONT. L. P. p. confirmation de la donation faite par le roi de la Grande-Bretagne et la reine de Prusse de la terre d'Allebreuse au pays d'Aulnis à Alexandre Prevôt, sieur de Gagemont, par deux brevets, l'un signé au palais Saint-James, le 12-23 novembre, et l'autre à Berlin, le 14 décembre 1728. — Versailles, 6 octobre 1729; P. 14 décembre même année.

PRÉVOT (le). *Voi.* LE PRÉVOT.

PRINCEY (de). L. P. p. anob. de François de Princey, sieur Dubuisson, président de Domfront. — 10 novembre 1644; expédiées le 1er juillet 1645.

PROCHE (de la). *Voir* DE LA PROCHE.

PROCOPE-COUTEAUX. L. P. p. anob. du sieur Procope-Couteaux. — Versailles, avril 1782; P. 3 septembre même année.

PROMONTORIO. L. P. p. naturalisation à Nicolas Promontorio, gentilhomme génois. — Paris, novembre 1645; P. 14 juin 1646.

PROOST. L. P. p. naturalisation à J.-Balthazard Proost, natif de Mons. — Versailles, mars, 1766; P. 14 avril même année.

PROUSSELET. L. P. p. anob. de Simon Prousselet, de Varens. — 1380. Fol. 216.

PRUDHOMME. L. P. p. anob. de Guillaume Prudhomme, d'Orléans, moyennant 1000 écus d'or. — 2 avril 1526; expédiées le 17 décembre même année.

PRUDHOMME. L. P. p. anob. de Richard Prudhomme. — 1547. Fol. 63.

PRUDHOMME. L. P. p. anob. de Charles Prudhomme. — 1654.

PRUDHOMME. L. P. p. anob. de Charles Prudhomme, sieur de Mole, commissaire des guerres. — 1655.

PRUNEL (de). L. P. p. anob. d'Antoine de Prunel, l'un des chevau-légers de la compagnie du connétable de Montmorency. — 7 octobre 1605; C. des A., 30 juin 1607.

PRUNELLE. L. P. p. permission à Jean-Baptiste Prunelle, sieur de la Valette, de porter les noms et armes de Pruneily, tels qu'il portait anciennement. — Paris, mai 1720; P. 14 août 1722.

PUCELLE. L. P. p. anob. de Pierre Pucelle, pour mérite et services. — 4 déc. 1652; expédiées le 26 février 1653.

PUCHOT. L. P. p. anob. de Jean Puchot, sieur de Gorponville, moyennant 2000 livres. — 7 octobre 1552; expédiées le 16 juin 1553.

PUEF (de). L. P. p. anob. de François de Puef, chevau-léger, moyennant une aumône de 10 livres. — 1728.

PUGET (du). L. P. p. confirmation de noblesse à J.-Pierre, et Jos.-Etienne du Puget. — Versailles, septembre 1760; P. 8 juin 1764.

PUIFFE (de). L. P. p. anob. de François-Jacques de Puiffe, sieur de Fermiger. — Versailles, août 1727; P. 18 août 1728.

PUIGNET DE BELINGAN. L. P. p. anob. de François Puignet de Belingan. — Versailles, décembre 1698; P. 20 février 1699.

PUISIEUX (de). *Voir* BRULART DE SILLERY.

PUJET. L. P. p. anob. de Pierre Pujet, citoyen de Toulouse, moyennant 100 écus d'or. — 13 janvier 1361; expédiées le 9 novembre même année.

PUSOS. L. P. p. anob. de Nicolas Pusos. — Versailles, 31 mars 1750; P. 6 avril 1751.

PUSSORT. l. p. p. érection de la terre et seigneurie des Ormes-Saint-Martin en baronnie, en faveur d'Antoine Pussort. — Saint-Germain, octobre 1652; P. 26 mars 1654.

PUY-DU-FOU (du). l. p. p. érection de la terre et seigneurie de Combronde en Auvergne en marquisat, en faveur du sieur du Puy-du-Fou. — Saint-Germain-en-Laye, mai 1637; P. 16 mars 1638.

PUYLAURENS (de). l. p. p. érection de la terre et seigneurie d'Aiguillon au duché de Guyenne en duché-pairie de France, en faveur du sieur de Puylaurens. — Saint-Germain-en-Laye, décembre 1634; P. 7 décembre même année.

Q

QUATREMERE. l. p. p. anob. de Nicolas-Étienne Quatremère. — Versailles, mai 1780; P. 5 septembre même année.

QUATRESOLS. l. p. p. confirmation de nob. et nouvel anob. de Nicolas Quatresols, sieur de Marolles. — Marly, septembre 1705; P. 2 décembre même année. — l. p. p. maintenue de noblesse à Nicolas Quatresols, sieur de Marolles. — Paris, 22 novembre 1716; P. 14 mai 1717.

QUAY. l. p. p. anob. d'Armand Quay, sieur de Fontenelles. — 1656.

QUELEN (de). l. p. p. érection des terres et baronnies de Tonnain, Grateloup et autres en duché-pairie sous le nom de la Vauguyon, en faveur de Paul-Jacques de Quelen. — Versailles, août 1758; P. 15 décembre même année.

QUENNEVILLE (de). l. p. p. anob. de Gabriel de Quenneville, sieur de Nanteau. — Versailles, février 1708; P. 29 mars même année.

QUENTIN. l. p. p. anob. de François Quentin, sieur de la Vienne. — Versailles, novembre 1680; P. 18 novembre même année. — l. p. p. union de terre et seigneurie à la terre et seigneurie de Chancennes, et érection d'icelles en marquisat, en faveur de François Quentin, sieur de la Vienne

— Versailles, novembre 1686; P. 2 décembre même année.

QUENTIN. l. p. p. anob. de Jean Quentin. — Marly, juillet 1693; P. 4 septembre même année. — l. p. p. confirmation et nouvelle érection de la terre de Champlot en baronnie, en faveur de Jean Quentin. — Paris, juin 1721; P. 3 mars 1741.

QUERHOENT (de). l. p. p. commutation du nom de la terre et seigneurie de Montour, et érection d'icelle en marquisat, en faveur de J.-Sébastien de Querhoent. — Versailles, juin 1743; P. 2 septembre même année.

QUERHOENT (de). l. p. p. confirmation et nouvelle érection de la terre de Querhoent en marquisat, en faveur de Louis-Joseph de Querhoent. — Versailles, janvier 1755; P. 30 mars 1756.

QUERQUY. l. p. p. anob. de François-Alexandre Querquy. — Versailles, juin 1697; P. 20 juillet même année.

QUESNAY. l. p. p. anob. de François Quesnay. — Fontainebleau, octobre 1752; P. 17 avril 1753.

QUESNEL. l. p. p. anob. de Guillaume Quesnel, de Normandie, avocat, moyennant 1000 livres. — 14 mai 1574; expédiées le 4 avril 1576.

QUESNEL. (du). l. p. p. anob. du sieur du Quesnel, médecin de la reine.—16 mai 1580; expédiées le 22 mai même année.

QUEUX (le). Voir LE QUEUX.

QUEVANNEC. l. p. p. anob. de Charles-Julien Quevannec. — Compiègne, juin 1764; P. 12 juin 1765.

QUEVERET. l. p. p. anob. de Jean Queveret, de Tours, moyennant 200 écus d'or.—7 octobre 1520; expédiées le 4 février 1521.

QUINTIN. l. p. p. anob. de Richard Quintin, de Nantes, moyennant 240 livres. — 4 septembre 1487; expédiées le 16 décembre même année.

QUITCE. l. p. p. anob. de Charles Quitce.—Versailles, avril 1671; P. 24 juin même année.

QUITTEL. l. p. p. anob. de Charles Quittel, gouverneur des enfants d'honneur de monseigneur le Dauphin. — 1672.

R

RABOT. l. p. p. anob. de Guillaume Rabot, de Chinon. — 1369.

RACAPE (de). l. p. p. union et incorporation des terres et seigneuries de Mesnil, Taigné, Brez et autres à la terre de Magnanne, et érection d'icelle en marquisat, en faveur d'Henri de Racapé. — Versailles, avril 1701; P. 6 mars 1702.

RADDE (de la). Voir DELARADDE.

RAFFENEAU DE L'ISLE. l. p. p. anob. de Louis Raffeneau de l'Isle.— Versailles, juillet 1775; P. 29 août même année.

RAFLEY DE LANDREMONT. l. p. p. anob. de François Rafley de Landremont. — Paris, mai 1643; P. 23 janvier 1644.

RAGNAT (de). l. p. p. anob. de François de Ragnat, de Nantes, moyennant 1000 livres. — 12 janvier 1669; expédiées le 4 décembre même année.

RAGON. l. p. p. confirmation de nob. à Augustin Ragon, sieur de Bangé.— Versailles, avril 1674; P. 23 février 1683.

RAINIER-PEAUX. l. p. p. anob. des sieurs Rainier-Peaux et permission de porter une fleur de lys dans leurs armes. — Paris, février 1622; P. 27 août même année.

RAMBEAU. l. p. p. anob. de Pierre-Thomas Rambeau. — Versailles, mai 1777; P. 18 juillet même année.

RAMBERT (de). l. p. p. anob. de Jean de Rambert, de Nantes, moyennant 400 livres. — 6 avril 1587; expédiées le 6 août et enregistrées le 22 août même année.

RAMEAU. l. p. p. anob. de J.-Philippe Rameau. — Versailles, mai 1764; P. 20 décembre même année.

RAMEY. l. p. p. anob. de Jean-Claude Ramey.—Versailles, septembre 1696; P. 27 février 1697.

RANCHE (de). l. p. p. anob. de Nicolas de Ranche. — 1699.

RANCY (de). l. p. p. anob. de Nicolas de Rancy, conseiller au parlement. —1377. Fol. 157.

RANCY (de). l. p. p. érection de la terre et seigneurie d'Aramon en fief, en faveur du sieur de Rancy. — Saint-Germain-en-Laye, août 1635; P. 5 août 1638.

RANNE (de). l. p. p. anob. de Jean de Ranne. — 1495. Fol. 13.

RAOUL. l. p. p. anob. du sieur Raoul, dit l'Orfèvre. — 1270.

RAOUL. l. p. p. anob. de Louis Raoul, sieur d'Alentin. — Versailles, avril 1697; P. 7 septembre même année.

RAPALY. l. p. p. naturalisation à Jean-Baptiste Rapaly, Génois. — Paris, mai 1718; P. 23 mai 1719.

RAPIN. l. p. p. anob. de Nicolas Rapin, sieur de la Challerie, et de ses hoirs. — Au camp du Pont-Saint-Pierre, octobre 1594.

RAPINAT DE L'ETANG. l. p. p. permission au sieur Philbert Rapinat de l'Etang, et ses descendants, de se faire appeler et signer tous actes du seul nom de l'Etang. — Rueil, juin 1644; P. 9 juillet même année.

RAPINE. l. p. p. anob. d'Anne-Achille Rapine, sieur de Toucherenne. — Versailles, mai 1701; P. 12 mai même année.

RAPONAC. l. p. p. exception des lettres d'anob. de Mathieu Raponac, de la révocation portée par l'édit du mois d'août 1715. — Paris, 31 octobre 1721; P. 12 décembre même année.

RARCEY (de). l. p. p. érection de la terre de Néry en marquisat, en faveur du sieur de Rarcey. — Paris, janvier 1654; P. 17 juin même année.

RASLEY (de). l. p. p. anob. de François de Rasley. — 1643.

RASSE (de). l. p. p. anob. de Guillaume de Rasse, fils bâtard de Pierre. — 10 novembre 1503. — Lettre de légitimation dudit. — 6 octobre 1504.

RAT. l. p. p. anob. de Guillaume Rat, de Lille. — 1438. Fol. 24.

RATTIER. l. p. p. anob. d'Honoré Rattier. — 1597.

RAULOT. l. p. p. anob. de Pierre Raulot, de libre condition, et de sa postérité. — 1403. Fol. 126.

RAVAULT. l. p. p. anob. de Bernard Ravault, avocat au parlement de Paris. — 18 juin 1463; expédiées le 4 janvier 1464.

RAVENIER. l. p. p. anob. des sieurs Quentin et Jean Ravenier frères, de Saint-Quentin. — juin 1356.

RAVILLON. l. p. p. anob. de François-Jean Ravillon. — 1686.

RAYE. l. p. p. anob. de Jean Raye, sieur de Mesnilbourg, de Jean-Adam et Adrien Raye, de Rouen. — 12 juillet 1648; expédiées le 6 décembre même année.

RAYMOND. l. p. p. anob. de Jean Raymond, de Lyon, moyennant 120 écus d'or. — 10 décembre 1352.

RAYMOND. l. p. p. anob. de Pierre Raymond, docteur ès-lois, bourgeois de Toulouse, de libre condition, et de sa postérité. — 1399.

RAYMONDEL. l. p. p. anob. d'Adam Raymondel, moyennant 200 écus. — 17 avril 1671; enregistrées le 2 décembre même année.

RAYNEVAL (de). l. p. p. anob. de Joseph-Mathias de Rayneval. — Versailles, janvier 1778; P. 7 avril même année.

REALLE (de la). Voir DE LA RÉALLE.

REAUCE (de). l. p. p. anob. de Philippe de Reauce, maître de la chambre aux deniers du duc de Berry, de Mathie, sa femme, de libre condition, et de sa postérité. — 1397. Fol. 82.

REBECQUE (de). l. p. p. anob. de Daniel de Rebecque, gentilhomme servant. — 1645.

REBEL. l. p. p. anob. de François Rebel. — Versailles, mai 1760; P. 4 septembre même année.

RECICOURT (de). l. p. p. anob. de François de Recicourt. — 1695.

RECICOURT (de). L. P. p. anob. du sieur de Récicourt. — Versailles, septembre 1788; P. 15 décembre même année.

REGIN. L. P. p. anob. d'Antoine Regin, sieur de Chastin. — 18 mai 1578; expédiées le 17 juin même année.

REGNARD. L. F. p. maintenue de noblesse de Claude Regnard, sieur de Romilly. — Versailles, février 1706; P. 19 avril même année.

REGNAULD. L. P. p. anob. de Pierre Regnauld, de sa femme et de ses enfants, moyennant 400 livres. — 17 avril 1396; expédiées le 30 novembre même année.

REGNAUD DE BISSY. L. P. p. naturalisation du sieur Regnaud de Bissy, de Chambéry. — Versailles, mars 1784; P. 18 mars 1785.

REGNAULD (de). L. P. p. confirmation de noblesse à Guy de Regnauld. — Paris, 22 mars 1717; P. 22 juin même année.

REGNAULT. L. P. p. anob. de Mathieu Regnault. — Marly, mai 1697; P. 10 juillet même année.

REGNAULT. L. P. p. anob. de François Regnault. — Paris, décembre 1720; P. 5 mai 1729.

REGNAULT. L. P. p. confirmation de noblesse à Jean Regnault, ancien échevin et quartenier de la ville de Paris, moyennant 200 livres. — 1729.

REGNIER. L. P. p. anob. de Pierre Regnier, de Blanche, sa femme, et de sa postérité. — 1391. Fol. 37.

REGNIER. L. P. p. anob. de Crespin Regnier, de Vigneux. — 12 mars 1608; même jour. C. des A.

REGNIER DE GUERCHY (du). L. P. p. confirmation et nouvelle érection du marquisat de Nangis, en faveur de Louis-François du Regnier de Guerchy. — Compiègne, juillet 1749; P. 10 mai 1750.

REIGNARD. L. P. p. anob. de Bernard Reignard. — 1388.

REIMS (de). L. P. p. anob. de François-Nicolas de Reims. — Versailles, août 1775; P. 7 décembre même année.

REMOND (de). L. P. p. anob. d'Adam de Remond et de sa postérité. — 1373.

REMOND. L. P. p. anob. de Pierre Remond, bourgeois de Paris, moyennant 400 livres. — 9 septembre 1400; expédiées le 6 février 1401.

REMOND. L. P. p. union de la justice de Bégit à celle de Marseuil, en faveur de Georges-Alexis-Bertrand Rémond. — Fontainebleau, novembre 1734; P. 1er août 1735.

REMOND DE LA CARRIERE. L. P. p. confirmation de noblesse à Antoine Rémond de la Carrière. — Versailles, décembre 1722; P. 25 janvier 1723.

REMONDEL (de). L. P. p. anob. d'Adam Remondel. — 1376.

REMONT. L. P. p. anob. d'Urbain Remont, de Moncontour. — 4 mai 1588; expédiées le 22 décembre même année, et enregistrées le 9 janvier 1589.

REMY. L. P. p. anob. de Philippe Remy. — 1630.

REMY. L. P. p. anob. de Jean Remy. — 1446.

REMY. L. P. p. maintenue de noblesse à Charles Rémy. — Camp devant Ipres, juin 1744; P. 24 juillet même année.

RENALDE. L. P. p. naturalisation à Pierre-François Renalde, natif de Rome. — Saint-Germain-en-Laye, août 1611; P. 16 mars 1612.

RENANGE. L. P. p. anob. de Nicolas Renangé. — Versailles, janvier 1699; P. 2 juillet même année.

RENAUD. L. P. p. anob. d'Antoine Renaud, gentilhomme servant. — Mars 1652.

RENAUD (du). L. P. p. jugement des commissaires, en faveur d'Alexandre du Renaud. — 24 mars 1599; homologué le 27 août 1609.

RENAZE. L. P. p. anob. d'Etienne Renazé. — 1615.

RENUSSON (de). L. P. p. anob. de Pierre de Renusson. — Versailles, juillet 1703; P. 26 juillet même année.

REQUY. L. P. P. naturalisation à André Antoine Réquy, natif de Gênes. — Versailles, 12 décembre 1760; P. 5 mars 1761.

RETROPONE (de). L. P. p. anob. de Jacquette-Vertine de Retropone, veuve de Laurent, de libre condition, et de sa postérité. — 1393.

REVALLE. L. P. p. anob.´de Joseph Révallé, sieur de la Fosse. — Versailles, février 1703; P. 24 avril même année.

REVANGE. L. P. p. anob. de Nicolas Revangé. — 1699.

REVANGE DE CHATIGNOLLE. L. P. p. anob. de Nicolas Revange de Chatignolle. — Vincennes, décembre 1715.

REVEILLE. L. P. p. anob. de Joseph Reveillé, sieur Delafosse. — 1704.

REVERS. L. P. p. affranchissement et anob. de Jean de Revers. — 1414. . Fol. 69.

REY. L. P. p. anob. de Jérôme Rey, capitaine des gardes du prince de Monaco. — 18 mai 1641. Fol. 69; expédiées le 27 novembre même année.

REY. L. P. p. anob. de Joseph-Robert Rey. — Versailles, novembre 1779; P. 11 février 1780.

REY (de). L. P. p. anob. de J.-Pierre-Hercule de Rey. — Versailles, avril 1768; P. 7 mars même année.

RHEIMS (de). L. P. p. anob. de Jean de Rheims. — 1354. Fol. 85.

RIAU. L. P. p. anob. de Claude Riau, sieur d'Orsonville. — Poitiers, décembre 1651; P. 30 août 1653.

RIAULZ (de). L. P. p. union des justices de Villeroy et la Pennerière, en faveur de Denis de Riaulz. — Versailles, mai 1727; P. 2 juillet 1728.

RIAULZ (de). L. P. p. érection du marquisat de la Galaisière, en faveur d'Armand-Jean de Riaulz. — Versailles, 23 août 1734; P. 25 juin 1735.

RIBEROLLES (de). L. P. p. anob. de Joseph de Riberolles, seigneur du dit lieu. — 15 mai 1557; expédiées le 18 avril 1558.

RIBIER. L. P. p. anob. de Guillaume Ribier, lieutenant général à Blois, pour services. — 18 mars 1615; C. des A., le 31 mars même année.

RICHARD. L. P. p. anob. de Mathurin Richard. — 1495.

RICHARD. L. P. p. maintenue de Louis Richard en la noblesse de ses ancêtres, et nouvel anob. de sa personne et de ses enfants. — Meudon, juin 1723; P. 2 septembre même année.

RICHE (le). *Voir* LE RICHE.

RICHEMONT (de). Lettres de surannation d'après les lettres d'anob. de 1645, suivies de confirmation de noblesse de juillet 1697, en faveur de Réné-Arguel de Richemont. — 1701.

RICHER. L. P. p. anob. de Jacques Richer, lieutenant particulier de la sénéchaussée de Mayenne. — Camp de Vernon, 18 mars 1590; P. 20 septembre même année.

RICHER. L. P. p. réhabilitation de Pierre Richer, secrétaire du Roi et greffier en chef à la Cour des comptes, et de ses enfants. — 1665.

RICHOUX. L. P. p. anob. d'Adam Richoux, clerc de la Chambre des comptes. — 1393.

RICOUARD. L. P. p. érection de la terre d'Hérouville en comté, en faveur du sieur Ricouard. — Paris, décembre 1654; P. 4 septembre 1657.

RIEU DE FARGUES (du). L. P. p. que Louis-François du Rieu de Fargues continuera de porter et signer le nom du Rieu. — Versailles, décembre 1727; P. 27 janvier 1728.

RIEUX. L. P. p. naturalisation à Jean-Baptiste Rieux et Marie-Antoinette-Marguerite Guiset, natifs d'Italie. — Versailles, décembre 1754; P. 16 janvier 1768.

RIGAULT. L. P. p. anob. de Pierre Rigault. — 1674.

RIGAUT. L. P. p. anob. de Gilles Rigaut, lieutenant criminel à Lyon. — 1613.

RIGIOLY. L. P. p. naturalisation à Jacques Rigioly, natif de Cazal. — Lyon, janvier 1659; P. 13 avril 1660.

RIGOGNE. L. P. p. anob. de Jean Rigogne et de Guillemette, sa femme. — 1390. Fol. 33.

RIGOULT. L. P. p. anob. de Richard Rigoult, de Grandville, moyennant 400 écus et 40 livres de rentes. — 12 mai 1543; expédiées le 28 novembre même année.

RION. L. P. p. naturalisation et maintenue de noblesse à André et Jean Rion, nés en Irlande. — Paris, février 1719; P. 11 mars même année.

RIVAL. L. P. p. anob. de Pierre Rival. — Saint-Germain-en-L.., février 1639; P. 7 septembre 1648.

RIVE (de). L. P. p. anob. de Dieudonné de Rive, de Clermont, moyennant 400 écus. — 10 mai 1355; expédiées le 26 septembre même année.

RIVEROLLES (de). L. P. p. naturalisation au marquis de Riverolles et de Saint-Damiens. — Saint-Germain, août 1669; P. 8 janvier 1670.

RIVIER. L. P. p. anob. de Mathieu Rivier, de Saint-Pielle. — 1413.

RIVIERE (de la). *Voir* LARIVIÈRE (de).

ROBERGUES (de). L. P. p. anob. de Daniel de Robergues, huissier de la chambre. — 1665.

ROBERT. L. P. p. anob. de Jean Robert, sieur de Lunéville. — 1582.

ROBERT. L. P. p. mandement pour faire jouir André Robert des priviléges de noblesse. — Metz, 4 février 1632; P. 1er juillet 1655.

ROBERT. L. P. p. union des fiefs de Nesle-la-Gillerde, du Plessis-les-Nesle, Cerqueux et autres, en faveur de Louis Robert. — Fontainebleau, juin 1680; P. 4 septembre même année.

ROBEY (de). L. P. p. anob. de Jean de Robey. — 1593. Fol. 139.

ROBEZ. L. P. p. anob. de Jacques Robez, bourgeois de Châlons. — 1375.

ROBICHON. L. P. p. anob. de Robert Robichon, trésorier général des finances à Caen. — A Caen, 10 décembre 1587; expédiées le 12 juin 1588.

ROBIER. L. P. p. anob. de Pierre Robier. — Paris, avril 1645; P. 22 février 1646.

ROBILLARD. L. P. p. jugement, confirmation en faveur de Christophe Robillard, sieur de Champagnac. — 14 octobre 1599; C. des A. 21 mars 1613.

ROBIN. L. P. p. anob. de Pierre Robin, et de sa postérité. — 1385. Fol. 215.

ROBIN. L. P. p. confirmation de la noblesse du sieur Salomon-François Robin. — Paris, 22 novembre 1660; P. 26 juillet même année.

ROBIN. L. P. p. anob. de Louis et Isaac Robin, frères. — Fontainebleau, juillet 1664; P. 25 janvier 1742. — L. P. p. confirmation de noblesse à Louis et Isaac Robin, frères. — Saint-Germain, mars 1671; P. 25 juin 1742.

ROBIN. L. P. p. anob. de François Robin. — 1676.

ROBIN. L. P. p. anob. de Gabriel Robin, sieur de la Richardière. — Versailles, avril 1704; P. 3 juin même année.

ROBIN. L. P. p. confirmation du titre de comte à Jean-Baptiste Robin. — Versailles, juillet 1722; P. 23 août 1723.

ROBINEAU. L. P. p. anob. de Jean Robineau. — 1502. Fol. 124.

ROBINET. L. P. p. anob. d'André Robinet, conseiller au parlement de Paris. — 1467; expédiées le 5 janvier 1468. Fol. 183.

ROBINET. L. P. p. anob. de Jean Robinet. — Saint-Germain, septembre 1668; P. 25 janvier 1669.

ROBRIERE. *Voir* DE LA ROBRIÈRE.

ROCAILLE. L. P. p. anob. de Jean-Bernard Rocaille, valet de chambre du roi et du duc d'Orléans, de libre condition. — 1392. Fol. 49.

ROCCAUT. l. p. p. anob. d'André Roccaut. — 1317.

ROCHE (de la). *Voir* DE LA ROCHE.

ROCHECHOUART (de). l. p. p. union des justices de Saint-Sigismond et autres à la justice de Montpipeau, en faveur de N...... de Rochechouart. — Paris, décembre 1721; P. 18 juin 1722.

ROCHEFORT (de). l. p. p. anob. de Bernard de Rochefort, de Sainte-Affrique, moyennant 160 écus d'or. — 10 septembre 1372; expédiées le 30 décembre même année.

ROCHEFORT (de). l. p. p. érection de la terre et seigneurie de Rochefort et autres en marquisat, en faveur du sieur de Rochefort.—Paris, mai 1664; P. 17 mai même année.

ROCHEFOUCAULT (de la). *Voir* DE LA ROCHEFOUCAULT.

ROCHES (des). *Voir* DES ROCHES.

ROCHON. l. p. p. confirmation de l'anob. de Claude Rochon. — Saint-Germain, mars 1671; P. 3 juin même année.

ROCQUEVILLE. l. p. p. maintenue et confirmation de noblesse à François Rocqueville et à Jacques, son frère. — 1667.

RODELEE (le). *Voir* LE RODELÉE.

RODIER. l. p. p. anob. de Louis Rodier, sieur de la Bourdine, colonel du régiment Royal-Cravate, moyennant une aumône de 10 livres. — 1729.

ROGER. l. p. p. anob. de Simon Roger, pour services. — C. des A., 8 mai 1612.

ROGER. l. p. p. anob. de Jean Roger, procureur du roi de la ville d'Avranches, et de Gabriel, son frère. — 18 novembre 1644; expédiées le 6 avril 1646.

ROGER. l. p. p. anob. de Michel Roger. — Versailles, décembre 1714; P. 21 janvier 1715.

ROGIER. l. p. p. confirmation de noblesse pour Louis et Jean Rogier, fils de feu Jean Rogier, et pour leurs enfants. — Saint-Germain, avril 1669; P. 20 décembre même année.

ROGIER. l. p. p. anob. de Charles Rogier. — Versailles, décembre 1697; P. 24 avril 1698.

ROGIER. l. p. p. anob. de Philippe-Jean-Baptiste Rogier. — Versailles, décembre 1757; P. 1er février 1758.

ROGUIER. l. p. p. anob. de Pierre Roguier, de Poitiers, moyennant 400 livres. — 7 février 1464; expédiées le 28 septembre même année.

ROHAN (de). l. p. p. érection de la terre et vicomté de Fontenay en duché-pairie sous le nom de Rohan-Rohan. — Fontainebleau, octobre 1714; P. 18 septembre même année.

ROHAN - CHABOT (de). Contrat de substitution par le duc de Rohan à Louis - Bretaigne - Alain de Rohan-Chabot, son fils aîné, du duché de Rohan. — Paris, 23 juin 1708; P. 13 juillet même année.

ROHIER (du). *Voir* DU ROHIER.

ROHYER (du). l. p. p. anob. d'Armand du Rohyer, maître des requêtes. — 1657.

ROI (le). *Voir* LE ROI.

ROIS DU COURS (de). l. p. p. érection de la terre et seigneurie de Favierres et fiefs en dépendant, en châtellenie en faveur de Gédéon de Rois du Cours, seigneur de Favierres. — Saint-Germain-en-Laye, 23 décembre 1639; P. 4 avril 1650.

ROISSY (de). l. p. p. érection de la terre et seigneurie d'Avault en comté en faveur du sieur de Roissy et du sieur de Même d'Avault, son fils.— Saint-Germain-en-Laye, janvier 1638; P. 4 août 1648.

ROLAND. l. p. p. anob. d'Americ Roland, et de sa postérité, pour services militaires.— 6 juin 1355; expédiées le 17 août même année.

ROLAND DE SOUDRAS. l. p. p. érection de la terre et seigneurie de Châteautiers en comté, en faveur de Roland de Soudras.—Fontainebleau, juin 1680; P. 20 mars 1681.

ROLANDIS (des). *Voir* DES ROLANDIS.

ROLLAND. L. P. p. anob. de Jean Rolland, de Tréguier, moyennant 400 livres.— 4 avril 1479; expédiées le 14 décembre même année.

ROLLAND. L. P. p. érection du comté de Chambondouin en Beauce, en faveur de M. le président Rolland. — Versailles, février 1770 ; P. 15 avril même année.

ROLLAND DES ECOTAIS. L. P. P. union des terres et érection du comté de la Roche des Ecotais, en Touraine, et confirmation de transaction entre le sieur Rolland des Ecotais de Chantilly et la dame Pineau de Viennay, son épouse.—Versailles, janvier 1735; P. 13 août même année.

ROLLIN DE CHAMPCLOS. L. P. p. anob. de Pierre Rollin de Champclos. — Versailles, août 1704; P. 17 juin 1705.

ROMAIN. L. P. p. anob. de Nicolas Romain, avocat du roi, de sa femme et de ses enfants, moyennant 200 livres. — 8 janvier 1374; expédiées le 22 septembre même année.

ROMANS (de). L. P. p. anob. de Philippe de Romans, garde du corps du roi.— 1644.

ROMANS (de). L. P. p. confirmation de noblesse à Pierre de Romans.— 1668.

ROME. L. P. p. anob. de Jacques Romé, sieur de Frequienne, maître des requêtes, de Normandie, moyennant 1000 livres.— 13 janvier 1577 ; expédiées le 21 février même année.

ROMECOURT (de). L. P. p. confirmation de Ch.-François de Romécourt, Claude-François Boucher et Pierre L'Heureux dans la possession et jouissance du comté de Romécourt. — Versailles, 3 mars 1740; P. 15 mai 1741.

RONADE (de la). *Voir* DE LA RONADE.

RONDET. L. P. p. anob. d'Edouard Rondet, sieur de Fontanière. — Versailles, février 1705; P. 4 août même année.

ROQUE. L. P. p. anob. d'Imbert Roque, bourgeois de Montpellier, de sa femme et de ses enfants.— 1364.

ROQUENDOLF (de). L. P. p. mandement pour enreg. des lettres de janvier 1559 portant naturalisation à Suzanne et Hannibal de Roquendolf, nonobstant leur surannation. — Saint-Germain-en-Laye, 28 janvier 1561; P. 6 avril 1562.

ROQUES. L. P. p. ratification du contrat d'érection de la terre et seigneurie de Montplaisir en fief, en faveur du sieur Roques, du 4 mai 1634.—Abbeville, juin 1639; P. 20 avril 1641.

ROSE (de). L. P. p. anob. des sieurs François et Jean de Rose, frères. — 1376. Fol. 168.

ROSE (de). L. P. p. anob. de Jean de Rose.— 1394. Fol. 72.

ROSETTE. L. P. p. anob. de Jacques Rosette, de Saint-Malo, moyennant finance ordonnée par les commissaires. — 22 juin 1534; expédiées le 21 décembre même année.

ROSIER (du). L. P. p. anob. des sieurs Armand, François et Jacques du Rosier.— 1667.

ROSSEL (de). L. P. p. union du marquisat de Rossel et dépendances à la baronnie de Pérignon et érection d'icelle en duché-pairie sous le nom de Fleury, en faveur de Jean-Hercule de Rossel. — Versailles, mars 1736 ; P. 14 mars même année.

ROSSELIN. L. P. p. anob. de César Rosselin. — 1676.

ROSSET (de). L. P. p. érection des fiefs de Boisville et de Mainville en comté sous le nom de Létourville, pour le sieur de Rosset. — Versailles, mars 1783; P. 18 août même année.

ROSSEUR (le). *Voir* LE ROSSEUR.

ROSSIGNOL. L. P. p. anob. de Jean-Baptiste-François Rossignol. — Fontainebleau, novembre 1764; P. 22 décembre même année.

ROSTAING (de). L. P. p. érection du comté de Rostaing en faveur du sieur de Rostaing. — Lyon, février 1642 ; P. 19 juillet même année.

ROTTIER. L. P. p. confirmation de noblesse et nouvel anoblissement de Jacques Rottier. — Versailles, février 1772; P. 30 janvier 1773.

ROTTOU (de). L. P. p. érection de la terre et seigneurie de la Chapelle-Gougaint et autres terres unies en châtellenie et vicomté en faveur du sieur de Rottou. — Paris, février 1635; P. 24 mai 1641.

ROUCLEUX. L. P. p. anob. de Jean Roucleux. — 1426. Fol. 117.

ROUEN (de). L. P. p. anob. de Pierre de Rouen, sieur de Commainville, officier de la garde-robe du roi. — 6 novembre 1644; expédiées le 12 février 1645.

ROUGE (de). L. P. p. anob. de Hugues de Rouge. — 1445. Fol. 115.

ROUGE (le). Voir LE ROUGE.

ROUGEMONT (de). L. P. p. anob. de Jean de Rougemont, de Mathilde, sa femme. — 1351. Fol. 43.

ROUGIER. L. P. p. anob. de Bernard Rougier, sieur de Vessat. — Saint-Germain, février 1673; P. 14 août même année.

ROUHETTE. L. P. p. anob. de François-Théodore Rouhette. — Compiègne, juil. 1769; P. 11 août même année.

ROUILLAC (de). L. P. p. anob. de Jean de Rouillac, de Marguerite, sa femme, et de leur postérité. — 1397. Fol. 96.

ROUILLE. L. P. p. confirmation de celles du mois d'avril 1651 portant érection de la terre et seigneurie de Meslay en comté en faveur du sieur Rouillé. — Fontainebleau, octobre 1688; P. 2 mars 1689.

ROUILLE. L. P. p. confirmation et nouvelle érection de la terre de Marly-la-Ville en ...., en faveur de Jean Rouillé. — Paris, mai 1718; P. 7 septembre 1722.

ROUJAULT. L. P. p. confirmation et nouvelle érection de la terre et seigneurie de Chefboutonne en marquisat en faveur de Vincent-Etienne Roujault. — Versailles, août 1742; P. 1er septembre même année.

ROULIN. L. P. p. anob. de Michel Roulin, de Crecy, et de sa postérité. — 1394.

ROULLAND. L. P. p. anob. de Thibauld Roulland et de Jean, son frère, d'Avranches, moyennant 600 livres. — 6 mars 1543; expédiées le 24 novembre même année.

ROURRE (de). L. P. p. anob. d'Aubert de Rourre, de Saint-Pourçain, sergent d'armes, et de sa postérité. — 1370.

ROUSSEAU. L. P. p. anob. de Jacques Rousseau. — 1594.

ROUSSEAU (du). L. P. p. jugement confirmatif de noblesse rendu à Cognac en faveur des sieurs François, Julien et Jacques du Rousseau, le 22 décembre 1598; homologué le 21 juillet 1610.

ROUSSEAU. L. P. p. maintenue de Louis Rousseau et de ses enfants dans leur noblesse. — Saint-Germain, janvier 1677; P. 9 septembre même année.

ROUSSEAU. L. P. p. anob. de Jean-François Rousseau. — Versailles, janvier 1696; P. 17 avril 1698.

ROUSSEAU. L. P. p. anob. de Jean Rousseau. — Compiègne, juillet 1752; P. 31 août même année.

ROUSSEL. L. P. p. anob. de Jacques Roussel, d'Egide, sa femme, et de ses enfants. — 1391 Fol. 43.

ROUSSEL. L. P. p. anob. des sieurs Jean et Pierre Roussel, frères, d'Orléans, moyennant 800 livres. — 6 mars 1391; expédiées le 28 novembre même année.

ROUSSEL. L. P. p. anob. de Jacques Roussel, de libre condition, et de sa postérité. — 1393.

ROUSSEL. L. P. p. anob. de Jean Roussel, d'Akaline, sa femme, de Vitry, et de sa postérité. — 1397.

ROUSSEL. L. P. p. anob. de Thomas Roussel, d'Orléans, moyennant 700 livres. — 18 septembre 1589; expédiées le 4 janvier 1590.

ROUSSEL. L. P. p. anob. de Claude Roussel. — Versailles, août 1697; P. 6 septembre 1698.

ROUSSEL. L. P. p. anob. de Jean-Baptiste Roussel, sieur de Tilly et de Bost. — Fontainebleau, 1699; P. 29 mars 1700.

ROUSSEL. L. P. p. permission à Pierre Roussel de prendre le nom d'Arnaud de Roussel.—Versailles, février 1704; P. 10 juillet même année.

ROUSSEL, L. P. p. union de terres et nouvelle érection du marquisat de Courcy, en faveur de Jacques-Louis Roussel. — Versailles, mars 1751; P. 2 août même année.

ROUSSELET. L. P. p. anob. de Barthélemy Rousselet, et de Jean, son frère, d'Orléans, moyennant 1000 livres.—20 février 1602; expédiées le 18 novembre même année.

ROUSSELET (de). L. P. p. confirmation de l'érection de la terre de Château-Regnault, en faveur de François-Louis de Rousselet, descendant d'Albert de Rousselet, sieur de la Pardieu. — Versailles, avril 1704; P. 11 août 1707.

ROUSSELET (le). Voir LE ROUSSELET.

ROUSSELIN. L. P. p. commutation du nom de la terre de Lorges en celui de Montcourt, en faveur de Pierre Rousselin. — Versailles, novembre 1706; P. 4 janvier 1707.

ROUSSELLE (de). L. P. p. union des autres fiefs de Maufaucon à la seigneurie de la Treille et érection d'icelle en châtellenie, en faveur du sieur de Rousselle. — Paris, juin 1611; P. 22 novembre 1619.

ROUTIER. L. P. p. confirmation de noblesse à Jean Routier, sieur de Beauprélez-Oizemont. — Versailles, décembre 1698; P. 13 août 1700.

ROUTU. L. P. p. anob. de Jean Routu. — 1700.

ROUVIERE. L. P. p. anob. de Nicolas Rouvière. — 1465. Fol. 154.

ROUX (de). L. P. p. anob. de Robert de Roux, bachelier en droit. — 1391.

ROUX (le). Voir LE ROUX.

ROUXELIN. L. P. p. anob. de Guillaume-Nicolas Rouxelin.—Versailles, septembre 1772; P. 3 février 1774.

ROVER (de). L. P. p. union des seigneuries et paroisses de Comblot et de Réveillon et érection d'icelles en marquisat sous le nom de Villeroy, en faveur d'André de Rover, seigneur de Villeroy. — Versailles, avril 1707; P. 28 juin même année.

ROY. L. P. p. anob. de Jean Roy. — 1698.

ROY DE LA CHAISE. L. P. p. confirmation de noblesse à Jean Roy de la Chaise. — Versailles, mai 1698; P. 30 août même année.

ROY DE L'ECLUSE. L. P. p. maintenue de noblesse en faveur du sieur Roy de l'Ecluse. — Versailles, 23 décembre 1786; P. 27 mars 1787.

ROY (le). Voir LE ROY.

ROYAL. L. P. p. anob. de Jacques Royal, capitaine du faubourg de la Riche.—Tours, avril 1589; P. 8 avril même année.

ROYELOT. L. P. p. anob. de Jean Royelot. — Versailles, février 1759; P. 3 avril même année.

ROYER. L. P. p. érection de la terre et seigneurie de Jollange en Tourraine en châtellenie sous le nom des Estangs, en faveur de M⁰ Jean Royer. — Fontainebleau, octobre 1631; P. 30 juin 1632.

ROYER. L. P. p. anob. de Jean Royer. — 1635.

ROYER (le). Voir LE ROYER.

ROZ. L. P. p. anob. de Jean Roz, capitaine de vaisseau, de Dieppe.—7 avril 1551; expédiées le 18 avril 1553.

ROZALIER. L. P. p. union de terres, justices et droits à la baronnie d'Argenton-le-Château en Poitou, en faveur d'Alexis-Madeleine Rozalier, baron d'Argenton. — Versailles, janvier 1731; P. 30 mars 1733. — L. P. p. érection en duché-pairie de Châtillon, en faveur d'Alexis-Madeleine

Rozalier, comte de Châtillon. — Versailles, avril 1736; P. 26 avril même année.

ROZALLES DE BREUNES DE POSTEL. L. P. p. érection de la terre et seigneurie de Boubon en comté, en faveur de M⁺ Rozalles de Breunes de Postel. — Versailles, mars 1699; P. 6 février 1700.

ROZE. L. P. p. anob. d'Etienne Roze. Paris, janvier 1655; P. 7 septembre même année.

ROZE. L. P. p. érection de la terre et seigneurie de Coye en marquisat, en faveur de Toussaint Roze.—Versailles, janvier 1697; P. 22 février même année.

ROZE. L. P. p. anob. de Louis-Rigobert Rozé. — Versailles, mars 1770; P. 7 septembre même année.

ROZEAUX (des). Voir DES ROZEAUX.

ROZEMONT (de). L. P. p. anob. de Jacques-Auguste de Rozemont. — Versailles, avril 1687; P. 19 avril même année.

RUAULT DES JOURNEAUX. L. P. p. érection de la terre de Revène en comté, en faveur du sieur Ruault des Journeaux. — Versailles, novembre 1710; P. 5 septembre 1712.

RUAUX (des). DES RUAUX.

RUBARTIN (de). L. P. p. anob. et légitimation de Bertrand de Rubartin. — 1350. Fol. 31.

RUBEF. L. P. p. anob. de Jacques Rubef, professeur en droit, de Maritonne, sa femme, et de sa postérité. — 1396. Fol. 81.

RUE. L. P. p. naturalisation et reconnaissance de noblesse aux sieurs Thomas et Jacques Rue, natifs d'Irlande. — Versailles, octobre 1766; P. 24 juillet 1767.

RUE (de la). Voir DE LA RUE.

RUEL (de). L. P. p. anob. de Simon-Godefroy de Ruel, moyennant 140 écus d'or. — 10 novembre 1372; expédiées le 16 avril 1373.

RUELLE (de). L. P. p. anob. de Jean de Ruelle, et de sa femme. — 1358. Fol. 119.

RUELLE (de). L. P. p. anob. de Jean de Ruelle, notaire et secrétaire du roi, et de sa postérité. — 1419. Fol. 88.

RUELLE (de). Voir DERUELLE.

RUELLE (de la). Voir DE LA RUELLE.

RUFFE. L. P. p. anob. de Salomon Ruffé, sénéchal de Saint-Brieux. — 18 mars 1614; expédiées le 28 octobre même année.

RUFFIN. L. P. p. anob. du sieur Ruffin.—Versailles, septembre 1788; P. 15 décembre même année.

RULHEUR. L. P. p. anob. d'Etienne Rulheur, de libre condition, du diocèse de Vabres, et de sa postérité. — 1395.

RUPELMONDE (de). L. P. p. érection de la terre et seigneurie de Tourzel en marquisat, en faveur de la dame comtesse de Rupelmonde. — Versailles, août 1742; P. 14 août 1743.

RUSSEAU. L. P. p. anob. de Barthélemy Russeau. — 1385. Fol. 219.

RUZE (de). L. P. p. anob. de Jeanne de Ruzé.— 6 septembre 1373; expédiées le 14 mai 1374.

RUZE D'EFFIAT. L. P. p. érection des terres de Lonjumeau, Cheilly, etc., en marquisat, en faveur d'Antoine Ruzé, sieur d'Effiat. — Compiègne, mai 1624; P. 14 décembre même année. — L. P. p. mandement pour l'enregistrement, en faveur d'Antoine Ruzé, marquis d'Effiat, des lettres de confirmation de l'érection de la terre et seigneurie de la Tour d'Argis en châtellenie obtenues au mois de janvier 1644, par le marquis de Sourdis, et dont ledit d'Effiat est maintenant possesseur par le partage de la succession du marquis de Sourdis. — Versailles, février 1686; P. 3 décembre même année.

RYAU. L. P. p. naturalisation à Jean Ryau, Irlandais.—Paris, août 1721; P. 31 mars 1722.

S

SABLONS (de). L. P. p. anob. de Michel de Sablons, de Nantes, moyennant 400 livres. 15 octobre 1402; expédiées le 11 février 1403.

SABOURIN DE DISSAY. L. P. p. confirmation de noblesse à François Sabourin de Dissay. — Versailles, 27 août 1755; P. 6 septembre même année.

SABOURU. L. P. p. anob. de François Sabouru, sieur d'Issay. — Fontainebleau, octobre 1696; P. 28 juin 1697.

SABRE (de). L. P. p. anob. de Jean de Sabre, bourgeois d'Arras. — 1376.

SABULON (de). L. P. p. anob. de Michel de Sabulon, conseiller en la chambre des comptes, et de Jeanne sa femme. — 1402. Fol 119.

SACHET. L. P. p. anob. d'Etienne Sachet, bourgeois de Sens, moyennant 410 livres.— 7 février 1397; expédiées le 9 septembre même année.

SACHY (de). L. P. p. confirmation de noblesse à Jean de Sachy, de Picardie. — Versailles, juillet 1698; P. 6 septembre même année.

SAFETIN. L. P. p. anob. de Colard Safetin. — 1387. Fol. 15.

SAGE. L. P. p. naturalisation à Joseph-Henri et Jeanne-Miguel Sage, natifs du Génevois. — Versailles, octobre 1750; P. 27 avril 1751.

SAGE (le). Voir LE SAGE.

SAHUE. L. P. p. anob. de J.-François-Régis Sahue. — Versailles, 28 juillet 1775; P. 3 septembre 1776.

SAHUGUET (de). L. P. p. anob. d'Henri Jacques de Sahuguet, sieur de Vialard, président au présidial de Brives, de Jean, dit d'Espagnac, prévôt général de la maréchaussée du Limousin, et

de Jean, sieur de la Roche, capitaine des carabiniers, moyennant une aumône de 300 livres. — 1733.

SAILLENFAITS DE FONTE-NELLE. L. P. p. anob. de Claude-François Saillenfaits de Fontenelle.— Versailles, 10 avril 1778; P. 3 février 1779.

SAINCY (de). L. P. p. anob. de Jean-Baptiste-Gilbert-Emmanuel de Saincy — 1700.

SAINSON. L. P. p. anob. de Jean-Baptiste Sainson, licencié ès-lois, moyennant 400 livres. — 14 février 1676; expédiées le 10 octobre même année.

SAINT-ANTOINE DE SAINT-ANDRE. L. P. p. reconnaissance et maintenue de noblesse à demoiselle Agathe-Louise Saint-Antoine de Saint-André. Versailles, novembre 1773; P. 26 novembre même année.

SAINT-AOUT (de). L. P. p. confirmation de l'érection de la terre de Bourdelles en châtellenie, en faveur du sieur de Saint-Août — Fontainebleau, 6 octobre 1629; P. 12 juin 1630.

SAINT-BELIN (de). L. P. p. union des terres et seigneuries de la Bussière et village de Feronclu, Mirebé et la Gennevroye, et érection d'icelles en baronnie, en faveur de Saint-Belin.—Saint-Germain-en-Laye, janvier 1635; P. 8 février même année.

SAINT-CHAMOND (de). L. P. p. union des terres et seigneuries de Saulcourt, Montubois et autres à la terre de Méry, et érection d'icelle en marquisat, en faveur de François de St-Chamond. — Versailles, novembre 169?, P. 23 mars 1686.

SAINT-FUCIEN (de). L. P. p. anob. de Hugues de Saint-Fucien, de Saint-Malo, de sa femme et de sa postérité, moyennant 400 florins d'or. — 13 septembre 1387; expédiées le 28 janvier 1388.

SAINT-GELAN (de). L. P. p. mandement pour l'enregistrement de celles du mois de juin 1650, portant anob. de Joachim de Saint-Gelan. — Fontainebleau, 1660; P. 21 juin 1662.

SAINT-GEORGES (de). L. P. p. érection de la baronnie de Courverac en marquisat, en faveur d'Olivier de St-Georges. — Poitiers, février 1652; P. 5 septembre 1653.—Voir HARLAY (D).

SAINT-GERMAIN (de). L. P. p. anob. de Michel de Saint-Germain, maitre des monnaies, et de sa postérité. — — 1355.

SAINT-GERMAIN (de). L. P. p. anob. de Louis de Saint-Germain. — Versailles, 2 février 1690; P. 29 juillet 1692.

SAINT-MANOIR (de). L. P. p. union et incorporation des terres et seigneuries à celles de Thil en Beaujolais, et érection d'icelles en vicomté, en faveur du sieur de Saint-Manoir. — Paris, février 1651; P. 23 mars 1655.

SAINT-MARC (de). L. P. p. anob. de Jean de Saint-Marc. — 1670.

SAINT-MARTIN (de). L. P. p. anob. de Pierre de Saint-Martin, d'Orléans, moyennant 1000 livres. — 7 mai 1574. Fol. 298; expédiées le 17 mai 1576.

SAINT-MARTIN (de). L. P. p. anob. de Jean de Saint-Martin, sieur de Boix et du Buisson. — Versailles, septembre 1672; P. 14 août 1673.

SAINT-MAUR (de). L. P. p. anob. de Michel de Saint-Maur, seigneur dudit lieu, moyennant 250 livres. — 5 juillet 1557; expédiées le 22 octobre même année.

SAINT-MAUR (de). L. P. p. érection du marquisat de Montausier en duché-pairie, en faveur de Charles de Saint-Maur, marquis de Montausier. — Fontainebleau, ... 1664; P. 2 décembre 1665.

SAINT-MAURICE (de). L. P. p. anob. d'Eutrope de Saint-Maurice, brigadier des gendarmes. — 1669.

SAINT-MICHEL (de). L. P. p. anob. de Guillaume de Saint-Michel. — 1351. Fol. 56.

SAINT-OFFANGE (de). L. P. p. érection de la terre et seigneurie de la Frappinière en châtellenie, en faveur du sieur de Saint-Offange. — Saint-Germain-en-Laye, septembre 1624; P. 16 juin 1625.

SAINT-OLIVE (de). L. P. p. anob. de Robert de Saint-Olive. — 1362. Fol. 1260.

SAINTOT. L. P. p. anob. de Pierre Saintot, bourgeois de Paris, moyennant 450 livres. — 18 août 1603; C. des A., 25 février 1605.

SAINT-SAUVEUR (de). L. P. p. anob. de Raymond de Saint-Sauveur. — 9 mai 1370; expédiées le 29 mai; C. des A. 22 novembre même année.

SAINT-SAUVEUR (de). L. P. p. anob. de Jean de Saint-Sauveur, frère du précédent. — Même date.

SAINT-SEVERIN D'ARRAGON (de). L. P. p. naturalisation à Alphonse-Marie-Louis de Saint-Séverin d'Arragon, natif de Plaisance en Italie.— Fontainebleau, octobre 1737; P. 15 mars 1738.

SAINT-SIMON (de). L. P. p. anob. de Gervais de Saint-Simon; fils naturel de Louis de Saint-Simon et d'Anne de Billy, légitimé en 1582. — 17 mars 1608; C. des A. 16 mars 1610.

SAINT-SIMON (de). L. P. p. union des baronnie, vicomté, terres et seigneuries de Benét, Clostre, Pousartant, Avesnes, etc., et érection d'icelles en duché-pairie sous le nom de Saint-Simon, en faveur de Claude de Saint-Simon. — Paris, janvier 1635; P. 1er février même année.

SAINT-SIMON (de). L. P. p. union des terres et seigneuries de la Ferté-Vidame et Besson, et érection d'icelles en comté, en faveur de Louis, duc de Saint-Simon. — Versailles, novembre

1731; P. 6 décembre 1734. — L. P. P. érection de la terre et fief de Saint-Louis de la Rochelle en comté, sous le nom de Rosse, en faveur de Louis, duc de Saint-Simon. — Versailles, mai 1724; P. 21 août 1726.

SAINT-SULPICE (de). L. P. P. anob. d'Ebrard de Saint-Sulpice. — 22 mars 1369; expédiées le 27 novembre même année.

SAINT-VATS (de). *Voir* HANATTE.

SAINT-VERAND (de). L. P. P. anob. de Jean de Saint-Verand, président aux requêtes du parlement, pour services. — 12 juin 1399; expédiées le 22 décembre même année.

SAINTE FOY (de). L. P. P. anob. du sieur de Sainte Foy. — Versailles avril 1748; P. 10 décembre même année.

SAINTE-MAURE (de). L. P. P. érection du comté de Nesle en marquisat, en faveur de Louis de Sainte-Maure, comte de Joigny. — Saint-Germain-en-Laye, décembre 1545; P. 31 janvier 1548.

SAIZIER (de). L. P. P. anob. d'Etienne-Antoine-Lazare-Barthélemy de Saizier. — Versailles, mai 1771; P. 26 mars 1779.

SAJOT. L. P. P. anob. de Nicolas Sajot. — 1637. Fol. 176.

SAJOT. L. P. P. confirmation de noblesse aux sieurs Charles et Frédéric Sajot. — 1686.

SALARINI. L. P. P. anob. de Raymond Salarini, officier du Pape, et de sa postérité. — 1372.

SALDAIGNE. L. P. P. anob. de Pierre Saldaigne, natif d'Espagne, bourgeois de Rouen, moyennant 500 livres. — 9 octobre 1522; expédiées le 21 décembre même année.

SALIGARAY. L. P. P. anob. de Pierre de Saligaray. — 1592.

SALIGARAY. L. P. P. anob. de Pierre de Saligaray. — 1609.

SALIOT. L. P. P. anob. de Jean Saliot, sergent d'armes, et de sa postérité. — 1396.

SALLE (de la). *Voir* DELASALLE.

SALLES (de). *Voir* DESALLES.

SALLET. L. P. P. anob. de François Sallet, de Rennes, moyennant 1000 livres. — 6 novembre 1576; expédiées le 18 janvier 1577.

SALM-SALM (de). L. P. P. naturalisation pour le prince de Salm-Salm. — Versailles, mars 1789; P. 13 mars même année.

SALMINE (de). L. P. P. anob. de Claude de Salmine. — 1495. Fol. 11.

SALOMON. L. P. P. anob. de Jean Salomon, moyennant 400 livres. — 18 mai 1462; expédiées le 12 décembre même année.

SALOMON. L. P. P. anob. de Nicolas Salomon, sieur de Beaufort, de Bretagne, moyennant 600 livres. — 7 juillet 1657; expédiées le 13 décembre même année.

SALOMON. L. P. P. anob. de Jean Salomon, de l'évêché de Nantes, moyennant 1000 livres. — 18 décembre 1669.

SALUDE (de). L. P. P. naturalisation à Grâce-Pétronille-Joséphine de Salude, native des terres de Bruxelles, épouse de Jacques-Florent, comte de Mérode. — Versailles, juin 1733; P. 23 juillet même année.

SAIN

SAM. L. P. P. anob. de Louis Sam. — Marly, août 1699; P. 29 août même année.

SANDELIN. L. P. P. qui accordent au sieur Sandelin, le titre de chevalier. — Versailles, juin 1785; P. 20 janvier 1786.

SANDERS-LE-BEN. L. P. P. naturalisation à Charles-Léopold, Ferdinand-Eberhard et Eléonore-Charlotte, enfants du sieur Sanders-le-Ben et dame Henriette Ederwick, baronne de l'Espérance. — Paris, juin 1716; P. 7 septembre même année.

SANDONNET (de). L. P. P. anob. de Jean de Sandonnet, échevin de Poitiers. — 1702.

ANGOSSE (de). L. P. P. anob. de Noël de Sangosse, pour service. — 1611.

SANGUIN. L. P. p. anob. des sieurs Guillaume, Jean et Thomas Sanguin, frères, de Caen, et de leur postérité, moyennant 246 livres. — 4 décembre 1400; expédiées le 12 mai 1401.

SANGUIN. L. P. p. anob. de Jean Sanguin, bourgeois de Paris. — 1414. Fol. 58.

SANGUIN. L. P. p. érection de la terre et seigneurie de Livry en marquisat, en faveur de Louis Sanguin, seigneur de Livry. — Versailles, février 1688; P. 25 mai 1689. — L. P. p. changement du nom du Château de Ramey en celui de Livry et union d'icelui au marquisat de Livry, en faveur de Louis Sanguin. — Versailles, juin 1697; P. 9 août même année.

SANJOU (de). L. P. p. anob. de Jean de Sanjou. — 1353. Fol. 35.

SANSEVIN. L. P. p. confirmation de celles du mois de décembre 1595, portant érection de la terre et seigneurie de la Tournelle en châtellenie, en faveur d'Alexandre Sansevin, seigneur de la Tournelle. — Versailles, juillet 1683; P. 3 août même année.

SANSSANO. L. P. p. naturalisation à Antoine-Martin-André Sanssano, natif du royaume de Valence. — Compiègne, août 1736; P. 23 août même année.

SANVILLE (de). L. P. p. anob. d'Hilaire de Sanville. — 1703.

SAQUEEPEE (de). L. P. p. anob. de Barthélemy de Saquéepée, secrétaire du duc de Berry, et de sa postérité. — 1376. Fol. 156.

SARDIN. L. P. p. anob. de Joseph Sardin, sieur des Bordes. — Versailles, avril 1698; P. 13 août même année.

SARNE (de). L. P. p. anob. de Pierre de Sarne. — 1465. Fol. 159.

SARREAU. L. P. p. anob. de Jean Sarreau. — 1614.

SARRET (de). L. P. p. érection des terres de fabriques et autres en comté, sous le nom de Sarret, en faveur de Joseph de Sarret. — Versailles, juillet 1768; P. 6 septembre 1775.

SARTINE (de). L. P. p. naturalisation à Antoine-Raymond-Jean-Gualbert-Gabriel de Sartine. — Versailles, février 1752; P. 22 février même année. — L. P. p. confirmation de noblesse, et nouvel anob. d'Antoine-Raymond-Jean-Gualbert-Gabriel de Sartine. — Versailles, août 1755; P. 17 janvier 1756.

SARTORY. L. P. p. anob. de Bernard Sartory, et de sa postérité. — 1364.

SARTRE (de). L. P. p. anob. d'Honoré-François de Sartre. — Versailles, décembre 1774; P. 9 mai 1775.

SATIN. L. P. p. anob. de Nicolas Satin, sieur Dauricher, pour services militaires. — 1571.

SAUGET (de). L. P. p. anob. de Hugues-Joseph de Sauget, sieur d'Auscalie. — 1703.

SAUPITRE. L. P. p. anob. de Pierre Saupitre, valet de chambre ordinaire du roi, couchant dans sa chambre, et portant les clés de tous les coffres. — 12 décembre 1610; expédiées le 6 septembre 1611.

SAURE. L. P. p. anob. de Jean Saure. — 1465. Fol. 142.

SAURE. L. P. p. anob. de Pierre Saure. — 1494.

SAUREPLANE. L. P. p. anob. d'Antoine Saureplane, lieutenant de police de Saint-Geniez-en-Rouergue. — 1724.

SAUROUX. L. P. p. anob. de François Sauroux. — 1698.

SAUSSAY (du). L. P. p. anob. de Gilbert-Emmanuel du Saussay, sieur de la Chapelle. — Meudon, juillet 1698; P. 3 août 1700.

SAUVAGE. L. P. p. anob. de François Sauvage, marchand et bourgeois de Paris, moyennant 450 livres. — 14 janvier 1495; expédiées le 26 avril même année.

SAUVAGE. L. P. p. anob. de Pierre Sauvage, sieur Duquesnoy, de l'évêché de Lisieux, moyennant 500 livres. — 3 octobre 1521; expédiées le 12 juin 1523.

SAUVAGE. L. P. p. anob. de Georges Sauvage et de Richard, Gérard, Jean et Armand, ses enfants. — 1625.

SAUVEUR. L. P. p. anob. de J.-Catherine-René-Sauveur. — Versailles, 20 mai 1739; P. 27 juillet 1740.

SAUVEUR (le). Voir LE SAUVEUR.

SAUVILLE (de). L. P. p. anob. de Jean de Sauville, sieur de Calvert, de Chaumont en Bassigny, moyennant 400 livres. — 6 avril 1361; expédiées le 2 décembre même année.

SAUVIN DE SAINT-MESMIN. L. P. p. anob. d'Alexis-Raphaël et de Félix Sauvin de Saint-Mesmin. — Versailles, septembre 1761; P. 13 mai 1763.

SAUX (de). L. P. p. anob. de Jacques de Saux. — 1704.

SAUZION. L. P. p. anob. d'Antoine Sauzion, sieur de Roussin. — 24 mai 1668.

SAVARRE. L. P. p. confirmation de celles du feu roi du mois de mai 1610, portant anob. du sieur Savarre, ancien échevin de Tours. — Paris, 6 août 1610; P. 6 septembre même année.

SAVARRE. L. P. p. maintenue de Jacques Savarre en sa noblesse et nouvel anob. d'icelui. — Versailles, septembre 1705; P. 3 septembre 1706.

SAVART. L. P. p. confirmation de noblesse accordée en 1589 à Jules Savart, échevin de Tours, puis conseiller au parlement. — 19 mai 1610; expédiées le 20 juin 1611.

SAVARY (de). L. P. p. anob. de Jean de Savary, dit Viviers, et de sa postérité. — 1396. Fol. 78.

SAVARY DE LANCOME. L. P. p. érection de la terre de Lancôme en baronnie, en faveur d'Antoine Savary, sieur de Lancôme. — Paris, février 1631; P. 5 décembre 1707.

SAVARY DE LANCOME. L. P. p. confirmation de l'érection de la terre et seigneurie de Lancôme en baronnie, en faveur de Louis-François Savary, sieur de Lancôme. — Marly, mai 1705; P. 5 septembre 1707.

SAVARY DE LANCOME. L. P. p. union des baronnie de Lancôme, châtellenie de Beauché et autres fiefs et érection d'icelles en marquisat, en faveur de Louis-François-Alexandre Savary, baron de Lancôme. — Versailles, juin 1738; P. 18 mars 1739.

SAVEROL. L. P. p. anob. de Jean-Baptiste-Gabriel Saverol. — 1700.

SAVERT. L. P. p. confirmation de noblesse à Jean Savert, fils de Jean, sergent d'armes. — 1393. Fol. 68.

SAVIED (de). L. P. p. anob. de Pierre de Savied, secrétaire des finances et commandements du duc d'Anjou, pour services. — 15 octobre 1569; expédiées le 12 juillet 1571.

SAVIGNAC (de). L. P. p. anob. de Philippe de Savignac, commissaire des guerres et contrôleur général des écuries du roi. — 4 juin 1609; C. des A. 17 décembre même année.

SAVIGNY (de). L. P. anob. de N... de Savigny, licencié ès lois. — 8 avril 1352; expédiées le 30 décembre même année.

SAVOYE. L. P. p. naturalisation à Pierre Savoye, natif du diocèse de Maurienne. Versailles, juin 1730; P. 10 mai 1738.

SAVOYE (de). L. P. p. érection des terres de Souzy, Trouville et la Forêt des Hattes en marquisat sous le nom de Savoye, en faveur de Guy de Savoye. — Paris, juin 1720; P. 14 juillet 1728.

SAVRY. L. P. p. anob. de Nicolas Savry, d'Angers, moyennant 305 livres. — 26 juillet 1672; 12 décembre même année.

SAYEN ET DE WITGENSTEIN (de). L. P. p. naturalisation à George-Guillaume, comte de Sayen et de Witgenstein, et dame Aurille-Marguerite de la Place, fille de François de la Place, vicomte de Machault. — Saint-Germain, septembre 1662; P. 7 septembre même année.

SAYETTE (de). L. P. p. anob. de Guillaume de Sayette. — 1356.

SAYTES (de). L. P. p. maintenue et confirmation de noblesse aux sieurs Daniel Joseph et Jacques de Saytes. — 1700

SCARON. L. P. p. érection de la terre et seigneurie d'Anny-le-Grand en marquisat, en faveur de M° Jean Scaron. — Fontainebleau, septembre 1678; P. 30 décembre même année.

SCHIESSER. L. P. p. naturalisation à J.-François Schiesser, natif d'Hambourg. — Versailles, 19 juin 1764; P. 4 juillet même année.

SCHOMBERG (de). *Voir* HALVIN.

SECOND DE PIERREVIVE. L. P. p. naturalisation à Second de Pierrevive, natif de Quiers en Piémont. — Paris, février 1627; P. 12 mai même année.

SECOUX. L. P. p. maintenue de noblessse au sieur François Secoux. — Paris, 2 juin 1720; P. 2 juillet même année.

SECRET. L. P. p. anob. de Guillaume Secret, conseiller de la reine Blanche. — 1387. Fol. 224.

SECRETAIN DE LA POMMERAYE. L. P. p. anob. de Jean-Baptiste Secrétain de la Pommeraye. — Versailles, mars 1701; P. 15 avril même année.

SEGUIN. L. P. p. anob. de Michel Séguin. — Paris..... 1650; P. 27 juin même année.

SEIGLIERE. L. P. p. anob. d'Étienne Seiglière, pour services militaires. — 1643.

SEIGNEUR (le). *Voir* LE SEIGNEUR.

SEIGNEURET. L. P. p. anob. de Jacques Seigneuret, de Rochefort, moyennant 400 livres. — 22 mai 1672; expédiées le 4 décembre même année.

SELIAN. L. P. p. anob. de Guillaume Selian. — 1465. Fol. 183.

SELLAIN (de). L. P. p. confirmation de noblesse à Nicolas de Sellain, sieur de Rouvroy, moyennant indemnité de 600 livres et 700 livres pour supplément. — 6 janvier 1610; expédiées le 13 février 1611.

SELLIERES (de). L. P. p. anob. de Charles de Sellières. — 1514. Fol. 85.

SENEZERGUES (de). L. P. p. anob. de Louis de Senezergues, sieur de la Rode. — Paris, mai 1720; P. Pontoise, 4 septembre même année.

SENIQUET. L. P. p. anob. de Claude Seniquet. — 1697.

SENNETERRE (de). L. P. p. anob. d'Astorg de Senneterre, pour services militaires. — 9 juillet 1605; expédiées le 9 décembre même année.

SENNETERRE (de). L. P. p. érection de la terre et seigneurie de la Ferté-Senneterre, en duché-pairie, en faveur d'Henry de Senneterre. — Paris, novembre 1665; P. 2 décembre même année.

SENNETERRE DU BUISSON. L. P. p. union des terres de Montaigu, Pometal, et celle de Donges et érection d'icelles en comté, en faveur de François Senneterre du Buisson. — Versailles, décembre 1760; P. 12 janvier 1762.

SENOILET. L. P. p. anob. de Pierre Senoilet. — 1485. Fol. 179.

SENS (de). L. P. p. anob. de Pierre de Sens, moyennant 340 livres. — 8 février 1557; expédiées et enregistrées le 17 mars 1558.

SENTIER. L. P. p. anob. de Pierre Sentier, sieur du Plessier. — Versailles, juin 1700; P. 11 mai 1701.

SENTURE (de). L. P. p. anob. de Jean de Senture, bourgeois d'Arras. — 1376.

SERMARIE (de). L. P. p. anob. de Jean de Sermarie. — 1698. Fol. 87.

SERMICH. L. P. p. anob. de Jean Sermich, sergent d'armes, de son frère Jean, et de sa postérité. — 1407. Fol. 172.

SERNAND. L. P. p. anob. d'Evrard Sernand, trésorier du roi, et de sa femme. — 1352. Fol. 65.

SEROUX. L. P. p. anob. de François Seroux. — Versailles, janvier 1698; P. 26 avril même année.

SERPIN DE LA PRISE. L. P. p. confirmation de noblesse à Nicolas Serpin de la Prise. — Fontainebleau, octobre 1701; P. 20 janvier 1702.

SERRAND. L. P. p. anob. d'Alexandre Serrand. — 1554. Fol. 62.

SERRAND. l. p. p. anob. de Jean Serrand, médecin du roi. — 1574. Fol. 306 et 376.

SERRAY (de). l. p. p. anob. de Geoffroy de Serray.— 1463. Fol. 115.

SERRE. l. p. p. anob. de Guillaume Serre. — 1355. Fol. 86.

SERRE; l. p. p. anob. de Pierre Serre, de Dieppe. — 1441.

SERREAU. l. p. p. anob. de Jean-Baptiste Serreau, sieur de Vauleger. — 1707.

SERRETAIS. l. p. p. anob. de Jean-Baptiste Serretais. — 1701.

SERVIEN. l. p. p. confirmation au sieur Servien de la jouissance des terres et seigneuries de Sablé et de Boisdauphin en titre de marquisat. — La-Fère, juin 1656; P. 22 août même année,

SERVIN. l. p. p. anob. des sieurs Charles et Michel Servin, frères, enfants d'Eléazar Servin, jadis Sevin, procureur de la ville d'Orléans. — 1633.

SERVIN. l. p. p. érection de la châtellenie et seigneurie de la Grève en comté, en faveur du sieur Servin. — Paris, août 1653; P. 5. septembre même année.

SEVIN. l. p. p. anob. de Marin Sevin, écuyer, sieur de la Rivière. — 1658.

SEVIN. l. p. p. anob. de Claude Sevin, sieur de Villemerle, gentilhomme de la Chambre du roi. — 1705.

SEYDIS. l. p. p. anob. de François Seydis, contrôleur provincial des décimes. — 1647.

SIBOURG. l. p. p. union de plusieurs fiefs y désignés à la seigneurie des Brosses et érection d'icelle en châtellenie, en faveur de Jean Sibourg. — Paris, décembre 1652; P. 24 mars 1654.

SICARD. l. p. p. anob. de François Sicard, sieur de la Courelière, homme d'armes des ordonnances du roi, pour 30 ans de services. — 10 mai 1609; C. des A., 9 juillet même année.

SICARD. l. p. p. anob. d'Antoine Sicard, élu à Lyon. — 1702.

SIGAN. l. p. p. naturalisation à Eugène Sigan, natif d'Irlande. — Fontainebleau, août 1708; P. 23 août même année.

SIGET (du). l. p. p. anob. de Nicolas du Siget, sieur de la Forge, archer des gardes du corps de roi.—13 avril 1622; expédiées le 6 novembre même année.

SIGNART. l. p. p. anob. de David Signart, sieur du Descot, de Vire, pour services militaires.—7 avril 1643; expédiées le 16 décembre 1344.

SILHAC. l. p. p. anob. de Pierre Silhac, de Murat, gendarme du roi. — 1633.

SILLIETTE. l. p. p. anob. de Jacques Silliette. — 1497. Fol. 38.

SILVA. l. p. p. anob. de Jean-Baptiste Silva. — Versailles, février 1738; P. 26 avril même année.

SILVANDRE (de). l. p. p. anob. de Guillaume de Silvandre et de ses descendants. — 1387. Fol. 10.

SILVESTRE. l. p. p. anob. du sieur Israel Silvestre. — Versailles, janvier 1780; P. 20 juin même année. — l. p. p. relief du défaut d'enregistrement des lettres de noblesse, en faveur des enfants du sieur Silvestre. — Versailles, mars 1780; P. 20 juin même année.

SILVESTRE. l. p. p. anob. du sieur Silvestre.—Versailles, décembre 1785; P. 21 mars 1786.

SIMART. l. p. p. anob. de Nicolas Simart, clerc, notaire et secrétaire du roi, et de sa postérité.—1437. Fol. 76.

SIMON. l. p. p. anob. de Richard Simon, sieur de Berville et de la Vicomté de Valogne, moyennant finance ordonnée par les commissaires. — 6 mars 1551; expédiées le 3 décembre 1553.

SIMON. l. p. p. anob. de Jacques Simon, sieur de Longpré, échevin d'Avranches. — 14 février 1648; expédiées le 12 février 1650.

SIMON. l. p. p. anob. de Michel Simon, sieur de la Chambre, de Nantes, moyennant 1000 livres. — 2 mars 1669; expédiées le 8 décembre même année.

SIMON. l. p. p. anob. d'Alexandre Simon, de Nantes, et de sa postérité. — 10 mars 1669; expédiées le 8 décembre même année.

SIMON. l. p. p. anob. de Simon, sieur de Riencourt.—Versailles, août 1696; P. 18 mai 1697.

SIMONET. l. p. p. anob. de Nicolas Simonet. — 1685.

SIMONET. l. p. p. naturalisation à Jean Simonet, natif de Versailles, 2 avril 1744; P. 21 juin 1745.

SIMONNEAU. l. p. p. confirmation de noblesse à François Simonneau, sieur de Hatuy. — Versailles, mai 1709; P. 5 avril 1710.

SINETY (de). l. p. p. union de la terre de Pouligny appelée Levis à celles de Lourcy-Levis, Coullanvres et autres, et érection d'icelles en marquisat sous le nom de Lourcy-Levis, en faveur de René de Sinety. — Versailles, août 1770; P. 15 juin 1771.

SINSON DE PRECLAIRE. l. p. p. anob. du sieur Sinson de Préclaire.—Versailles, mai 1786; P. 26 mars 1789.

SIRMONT. l. p. p. anob. de Jean Sirmont. — 1614.

SIROUX. l. p. p. anob. de François Siroux, sieur de Venette et de Borguet. — Paris, décembre 1717; P. 15 janvier 1718.

SOANEN (de). l. p. p. confirmation de noblesse de Jean-Baptiste de Soanen. — 1683.

SOBRIEL. l. p. p. anob. de Jean Sobriel, de l'évêché de Lyon, moyennant 500 livres. — 5 avril 1468; expédiées le 12 septembre même année.

SOCHET. l. p. p. anob. d'Etienne Sochet, de Jacquette, sa femme, et de leur postérité. — 1397.

SOHYER. l. p. p. anob. de Jacques Sohyer, de Sainte-Menehould — 1361.
SA.N

SOIN. l. p. p. anob. de Louis Soin. — 1699.

SOISSONS (de). l. p. p. anob. de Pierre de Soissons, avocat et conseiller au bailliage de Vermandois, et de Pierre, son frère légitimé. — 1386. Fol. 222.

SOLIERE (de). l. p. p. anob. de Charles de Solière, d'Orléans, moyennant 300 livres. — 22 janvier 1514; 12 juin 1523.

SOLIGNE (de). l. p. p. érection de la terre et baronnie de la Cheze en marquisat sous le nom de la Cheze-le-Vicomte, en faveur de Julien de Soligné, baron de la Cheze.—Versailles, mars 1697; P. 10 juillet même année.

SOLLIER (du). l. p. p. anob. de Simon-Martial, Martial-François et Louis-Pierre du Sollier, frères. — Versailles, octobre 1722; P. 26 mai 1723.

SOLLY. l. p. p. anob. de Jacques-François-Joseph Solly. — Versailles, décembre 1768; P. 19 avril 1773.

SOLOISES. l. p. p. anob. de Jacques Soloises, l'un des chefs de l'Académie du faubourg Saint-Germain.—1666.

SOMU. l. p. p. naturalisation à François Somu, natif de Florence. — Paris, mars 1612; P. 15 mai même année.

SONDE (de la). *Voir* Lasonde (de).

SONNEBOURG (de). l. p. p. anob. de Jean de Sonnebourg.—1373. Fol. 116.

SOPHER REICHEMBACH (de). l. p. p. naturalisation à Jean-Jacques de Sopher-Reichembach, natif de Hesse. — Paris, septembre 1645; P. 15 décembre même année.

SORBET. l. p. p. anob. d'Alexandre Sorbet. — 1385. Fol. 222.

SORBET. l. p. p. anob. de Claude-Léger Sorbet. — Versailles, juin 1757; P. 7 décembre même année.

SORBIER. l. p. p. anob. de J.-Barthélemy Sorbier.—Versailles, mai 1768; P. 28 juin même année.

SOREL. l. p. p. anob. de Guy Sorel, dit de Pleure, bailli de Sézanne, et de sa postérité. — 1361.

SORNIER. l. p. p. anob. de Pétrus Sornier, avocat du roi au bailliage de Troyes, et de sa postérité. — 1392.

SORRES (de). l. p. p. anob. de Jacques de Sorres. — 1565. Fol. 451.

SOTTEVILLE (de). l. p. p. érection du marquisat de Sotteville, en faveur du sieur de Sotteville. — Paris, novembre 1719; P. 20 décembre 1771.

SOUAILLE. l. p. p. anob. de Gabriel Souaille. — Versailles, avril 1696; P. 7 décembre même année.

SOUCAT. l. p. p. anob. d'Etienne Soucat, de sa femme et de ses enfants. — 1388. Fol. 28.

SOUCHET. l. p. p. confirmation de noblesse à Jacques Souchet, Seigneur de Circé. — 1680.

SOUFFLET. l. p. p. anob. de Jacques-Germain Soufflet. — Versailles, mars 1757; P. 23 juin même année.

SOULENGUE. l. p. p. anob. de Jacques-Louis-Henri Soulengue.—Versailles, décembre 1768; P. 12 juillet 1773.

SOURCELLES (de). l. p. p. anob. de Guillaume-Philippe de Sourcelles. — 1704.

SOURCHES (de). l. p. p. union des fiefs et châtellenies en la baronnie du Fay, en faveur des sieurs, de dame et de marquis et marquise de Sourches. — Versailles, décembre 1762; P. 1er décembre 1763.

SOURDIS (de). l. p. p. érection de la terre et seigneurie de la Tour d'Argys en châtellenie, en faveur du marquis de Sourdis. — Paris, janvier 1644; P. 3 décembre 1686. — l. p. p. union des terres et fiefs à la terre et seigneurie de Jouy et érection d'icelle en comté, en faveur du marquis de Sourdis. — Paris, décembre 1654; P. 27 février 1655.

SOURDON DU MESNIL DE LA CORRETERIE. l. p. p. anob. d'Alexandre-Joseph Sourdon du Mesnil de la Correterie. — Versailles, septembre 1776; P. 12 mai 1777.

SOURQUES (de). l. p. p. anob. de Jean de Sourques. — 1374. Fol. 126.

SOUVRE (de). l. p. p. érection de la terre et seigneurie de Courtanvaux en marquisat, en faveur de M. de Souvré. — ....., mars 1609; P. 19 août même année.

SOUVRE (de). l. p. p. anob. de Charles de Souvré. — Saint-Germain, janvier 1676; P. 11 mars même année.

SPINOLA (de). l. p. p. confirmation à Charles-Hippolyte Spinola de la possession de la terre et baronnie d'André. — Fontainebleau, 27 août 1661; P. 14 janvier 1662.

SPINOLA. l. p. p. naturalisation en faveur du marquis Spinola. — Versailles, août 1781; P. 31 décembre même année.

SPIRE. l. p. p. anob. de Jean Spire, roi des hérauts. — 1387.

STAIN (de). l. p. p. naturalisation à Ch.-Léopold de Stain et à demoiselle Auguste de Stain, sa sœur, natifs de Bruxelles.—Versailles, janvier 1765; P. 14 janvier 1766.

STAINS (de). l. p. p. anob. de Charles-Félix, sieur de Stains. — Versailles, mars 1690; P. 17 avril même année.

STAPLETON (de). l. p. p. union de terre, et érection du comté de Trèves, en faveur de Jean de Stapleton. — Camp de la Commanderie du Vieux-Jonc, août 1747; P. 5 septembre même année. — l. p. p. union de terre au comté de Trèves, en faveur de Jean de Stapleton.—Compiègne, juin 1751; P. 28 mars 1752.

STRICH. l. p. p. naturalisation à Charles Strich, natif de Silésie. — Versailles, mars 1766; P. 24 mars même année.

STROZY (de). l. p. p. anob. de Sabion de Strozy. — 1659.

STURON. L. P. P. anob. de Jacques Sturon, sieur de la Roye. — Versailles, octobre 1699; P. 31 janvier 1700.

SUAREZ. L. P. P. naturalisation à François Suarez, natif de Lisbonne. — Paris, juillet 1643; P. 5 décembre même année.

SUBLET. L. P. P. anob. de Michel Sublet, sieur des Noyers, trésorier général de l'Artillerie. — 17 mai 1574; expédiées le 28 juin, et enregistrées le 7 septembre même année.

SUBLET. L. P. P. anob. de Jean Sublet. — 1575. Fol. 400.

SUBULIN. L. P. P. anob. d'André Subulin, clerc du roi en son trésor, et de sa postérité. — 1393.

SUEUR (le). Voir LE SUEUR.

SULPIS. L. P. P. anob. de Jean Sulpis, dit le Goupil, à Saint-Lô, de libre condition, et de sa postérité. — 1411. Fol. 32.

SURVIE. L. P. P. anob. de Guillaume Survie, de Durville, moyennant 300 livres. — 19 juin 1523; expédiées le 24 décembre même année.

SURVILLE (de). L. P. P. anob. de Pierre de Surville, natif de Bordeaux, pour services rendus à la guerre. — 11 janvier 1673; expédiées le 17 novembre même année.

SUZE (de la). Voir DE LA SUZE.

SYLVESTRE. L. P. P. anob. de Jacques-Augustin Sylvestre. — Fontainebleau, octobre 1775; P. 28 novembre même année.

T

TAILLER. L. P. P. anob. d'Antoine Tailler. — 1513. Fol. 149.

TAILLEVIR L. P. P. anob. de Raphaël Taillevir, médecin. — 1554. Fol. 23.

TAILLON. L. P. P. anob. de Nicolas Taillon, de libre condition et de sa postérité. — 1407. Fol. 172.

TALANNE. L. P. P. anob. de Daniel Talanne et de sa postérité. — 1439. Fol. 29.

TALBOT. L. P. P. anob. d'Antoine Talbot, avocat et capitaine de la Coste. 18 octobre 1648; expédiées le 5 juillet 1649.

TALBOT. L. P. P. anob. de Pierre Talbot, de Criquetot. — 1653.

TALLEMARD (de). L. P. P. anob. de Pierre de Tallemard, de sa femme et de ses enfants. — 1376. Fol. 151.

TALLEYRAND DE PERIGORD. L. P. P. permission à Jean-Charles Talleyrand de Périgord d'accepter la grandesse d'Espagne. — Versailles, novembre 1722; P. 8 janvier 1723.

TALMONT (de). L. P. P. anob. de Pierre de Talmont. — 1373. Fol. 150.

TANCONIER. L. P. P. anob. de Jean-Baptiste Tanconier. — Paris, février 1669; P. 16 mars même année.

TANNIERE (de la). Voir DE LA TANNIERE.

TANQUEREL. L. P. P. anob. de Jean-René Tanquerel. — Versailles, février 1755; P. 22 avril même année.

TAPONANT. L. P. p. anob. de Mathieu Taponant. — 1697.

TAPORET. L. P. p. anob. de Jean Taporet, receveur des subsides, et de sa postérité. — 1400. Fol. 99.

TARADE. L. P. p. anob. du sieur Tarade. — Versailles, janvier 1683 : P. 18 mars 1684.

TARD. L. P. p. anob. de Richard Tard. — 1574. Fol. 285.

TARDIEU. L. P. p. anob. de Richard Tardieu, de Mouchy, seigneur dudit lieu, moyennant 1000 livres. — 5 novembre 1576; expédiées le 29 décembre même année.

TARDIF D'AMONVILLE. L. P. p. confirmation de noblesse à Remy-François Tardif-d'Amonville. — Versailles, novembre 1736 ; P. 1er avril 1737.

TARPIGNON. L. P. p. anob. de Guillaume Tarpignon. — 1415. Fol. 76.

TARTIER. L. P. p. anob. de Geofroy Tartier, de sa femme et de ses enfants.

TARTIER (le). Voir LE TARTIER.

TASCHER. L. P. p. reconnaissance et maintenue de noblesse d'ancienne extraction de nom et d'armes à Philippe-Athanase-Pierre et Antoine-Casimir Tascher frères. — Versailles, octobre 1758; P. 7 décembre même année.

TASSE (de). L. P. p. naturalisation et reconnaissance de noblesse à Christophe de Tasse, Irlandais. — Versailles, mai 1777; P. 28 août même année.

TEILLART DE TEISSONNIERE. L. P. p. anob. de René Teillart de Teissonnière. — Versailles, mai 1751; P. 6 mars 1752.

TEINTURIER. L. P. p. anob. d'Isorius Teinturier, de Montauban, moyennant 800 livres. — 19 juin 1407; expédiées le 29 décembre 1408.

TEINTURIER. L. P. p. anob. de Pierre Teinturier, et de Pierre, son frère. — 1434. Fol. 64.

TELLIER (le). Voir LE TELLIER.

TENDREAU. L. P. p. anob. de Jean Tendreau, sieur de la Vergne. — Versailles, février 1700; P. 11 juin même année.

TERIGET (de). L. P. p. anob. de Jean de Teriget. — 1675.

TERMONT (de). L. P. p. anob. de Pierre de Termont. — 1679.

TEROULDE L. P. p. anob. de Gabriel Teroulde. — 1496.

TERRAT (du). L. P. p. érection de la terre et seigneurie de Chantonne en marquisat, en faveur de Gaston-Jean-Baptiste du Terrat. — Versailles, décembre 1696; P. 16 janvier 1697. — L. P. p. concession à Gaston-Jean-Baptiste du Terrat, des hautes-justices d'Ausoner et Villermain; — Versailles, mai 1712; P. 10 juin même année.

TERRIER. L. P. p. confirmation de noblesse à Marie-Marthe Raizé, Julie et Marie Terrier, veuve et enfants de Jean-Pierre Terrier. — Versailles, octobre 1780; P. 8 mai 1781.

TERROSTELLE. L. P. p. anob. de Raimond Terrostelle, de Treguier, moyennant 400 livres. — 5 octobre 1397; expédiées le 15 février 1398.

TERSAY. L. P. p. naturalisation à Olivier Tersay. natif de Vervins. — Paris, 27 juillet 1720; P. 30 août même année.

TESSIER. L. P. p. anob. de Denis Tessier, sieur de Maltroy, né à Tours. — Tours, avril 1589 ; P. 8 avril même année.

TESSIER. L. P. p. anob. des sieurs Jean et Robert Tessier, et d'Elisabeth leur mère, tant qu'elle sera en viduité. — 1669.

TESSIER. L. P. p. anob. de Jean-Marie Tessier. — 1701.

TESTOR. L. P. p. anob. de Bernard Testor, clerc du roi, de Carcassonne. 1375.

TETU DE BALINCOURT. l. p. p. érection de la terre, seigneurie et châtellenie de Balincourt en marquisat, en faveur de Claude-Guillaume Tétu de Balincourt. — Paris, 1719.

TEXIER. l. p. p. anob. de Bernard Texier, bourgeois de Paris, moyennant 600 livres. — 10 avril 1375; expédiées le 18 novembre même année.

TEXIER. l. p. p. anob. de Jean Texier, d'Orléans, moyennant 300 livres. — 8 décembre 1655; expédiées le 30 décembre même année.; P. 24 mars 1656.

TEXIER. l. p. p. anob. de Claude Texier. — Camp devant Besançon, mai 1674; P. 15 décembre même année.

TEXIER. l. p. p. union des fiefs, terres et seigneuries de Charny, Lamotte aux Aulnaies et dépendances à la terre et seigneurie de Hautefeuille, en faveur de Germain Texier, seigneur de Hautefeuille. —... 1689.

TEXIER DE LANOY. l. p. p. anob. de Pierre Texier de Lanoy. — Versailles, avril 1757; P. 12 décembre même année.

THELINGUE (de). l. p. p. naturalisation à Charles-Antoine de Thelingue, natif d'Hambourg. — Pontoise, 22 août 1720.

THELIS. l. p. p. confirmation de la noblesse de Jacques de Thélis. — Paris, 2 août 1635; P. 24 novembre même année.

THELUSSON (de). l. p. p. permission aux sieurs de Thélusson de posséder des biens en France et d'y jouir des priviléges de la noblesse. — Versailles, juillet 1782; P. 20 août même année.

THENET. l. p. p. anob. de Pierre Thenet. — 1699.

THERONDE. l. p. p. anob. de Jean Theronde. — 1364. Fol. 149.

THEVENIN. l. p. p. anob. de Paul Thévenin, sr d'Esclaireaux. — Poitiers, décembre 1651; P. 14 mai 1655.

THEVENIN. l. p. p. maintien de Samuel Thévenin dans la noblesse et en tant que besoin nouvel anob. d'icelui et de ses descendants. — Saint-Germain, mai 1652; P. 3 février 1666. — l. p. p. mandement pour l'enregistrement de celles du mois de mai 1652 portant confirmation de noblesse et en tant que besoin nouvel anob. de Samuel Thévenin, maître des monnoies de Poitiers et la Rochelle, en faveur de Pierre Abraham et Philippe Thévenin, ses enfants. — Paris, 9 janvier 1664; P. 31 janvier même année.

THEVENIN. l. p. p. confirmation de l'anob. des sieurs Thévenin, nonobstant la déclaration du mois de septembre dernier portant révocation des anob. depuis juin 1634. — Paris, février 1665; P. 3 février 1666.

THEVENIN. l. p. p. anob. de Jacques Thévenin, d'Alençon, et des sieurs Abraham et Philippe Thévenin, moyennant 300 livres. — 12 juin 1671; expédiées le 6 décembre même année.

THIARD. l. p. p. anob. de Jean Thiard, de Saint Gengoust, et de sa postérité. — 1397.

THIBAUD. l. p. p. anob. de Guillaume Thibaud, et de sa postérité. — 1398.

THIBAULT. l. p. p. anob. de Philippe Thibault, de Domanville, valet de chambre de la reine-mère. — 12 janvier 1644; expédiées le 16 novembre 1645.

THIBAULT. l. p. p. anob. de Nicolas Thibault, contrôleur du grenier à sel à Rouen. — 9 mars 1650; expédiées le 24 novembre 1651.

THIBAULT DE LA CARTE. l. p. p. permission à Gabriel Thibault de la Carte de prendre le nom de la Ferté-Senneterre. — Versailles, juillet 1698; P. 16 juillet même année.

THIBAULT-DUBOIS. l. p. p. maintenue de noblesse à Julien-François Thibault-Dubois. — Versailles, 1er décembre 1766; P. 21 août 1767.

THIBAULT DE LA PINIERE. L.
P. p. anob. de Jean Thibault de la Pi-
nière. — Paris, septembre 1718; P. 31
janvier 1720.

THIBAUT DE SENNETERRE. L.
P. p. union de justice à la châtellenie
de la Loupe, en faveur de Philippe-
Louis Thibaut de Senneterre, marquis
de la Ferté. — Versailles, avril 1748;
P. 18 avril 1749.

THIBAUT. L. P. p. anob. de Pierre
Thibaut. — 1623.

THIBOULT DES AULNOIS. L. P.
p. continuation et en tant que besoin
nouvelle érection de la terre et seigneurie de Thiboult en comté, en faveur de Gabriel Thiboult des Aulnois.
— Paris, janvier 1644; P. 27 avril
même année.

THIBOUVILLE (de). L. P. p. anob. de
Jean de Thibouville, de Poitiers,
moyennant 250 livres. — 10 janvier
1672; expédiées le 24 novembre même
année.

THIERCEVILLE. L. P. p. anob. de
Jean Thierceville. — 1597; vérifiées
en 1613.

THIERRY, L. P. p. anob. de Pierre
Thierry, d'Orléans, garde du corps du
roi, pour services. — 12 décembre
1482; expédiées le 8 mai 1483.

THIERRY, L. P. p. anob. de Nicolas
Thierry, sieur de Prévalaye, de Nantes, moyennant 1000 livres. — 14 mai
1600; expédiées le 28 décembre même
année.

THIERRY. L. P. p. anob. de François-
Christophe Thierry.—Versailles, avril
1769; P. 27 juin même année.

THIERRY. L. P. p. anob. de François
Thierry. — Versailles, mai 1775; P.
12 juillet même année.

THIERRY. L. P. p. érection de la terre
de Ville d'Avray en baronnie, en faveur du sieur Thierry. — Versailles,
juillet 1784; P., décembre même
année.

THIERRY DE GRANDVAL. L. P. p.
anob. du sieur Thierry de Grandval.
— Fontainebleau, octobre 1785; P.
16 janvier 1786.

THIEULAINE (de). Voir DE BASSE-
COURT.

THIEULIN. L. P. p. anob. de Pierre
Thieulin. — 1654.

THILLOIS (de). L. P. p. anob. de Pierre
et P. de Thillois, frères. — Paris, janvier 1732; P. 24 mars même année.

THIROUX DE VILLÉROY. L. P. p.
union et incorporation à la terre et
seigneurie de Villemesle des terres et
seigneuries de Langey, Bouffey et la
Ferté, et érection d'icelles en châtellenie sous le nom de Villemesle, en
faveur de Claude Thiroux de Villeroy. — Chantilly, juillet 1725; P. 29
décembre même année.

THOINARD. L: P. p. anob. de Barthélemy Thoinard, seigneur des Touches.
—Paris, avril 1732; P. 28 avril même
année.

THOINET. L. P. p. anob. de Pierre
Thoinet. — Versailles, mai 1699; P.
22 mai.

THOLEMIER. L. P. p. anob. de Jean
Tholemier, de Tréguier, moyennant
100 écus d'or. — 6 octobre 1514; expédiées le 2 avril 1515.

THOMAS. L. P. p. don de la seigneurie de la Bazoche à Thomas, écuyer
écossais. — Amboise, juin 1470; P.
28 janvier 1474.

THOMAS. L. P. p. anob. de Gentien
Thomas, maître des comptes, de Normandie. — 16 juin 1620; expédiées le
5 mars 1623.

THOMAS. L. P. p. anob. de Pierre Thomas, fils de Jean. — 1648.

THOMASSIN. L. P. p. anob. du
sieur Thomassin. — Versailles, janvier 1783; P. 6 mai même année.

THOMASSIN DE BIENVILLE. L.
P. p. union des terres, fiefs et justices
de Marlhaies, la Motte, etc., et érection d'icelles en comté sous le nom de
Bienville, en faveur de Thomassin de
Bienville. — Fontainebleau, octobre
1770; P. 7 septembre 1775.

THOMÉ. l. p. p. érection de la terre et seigneurie de Fosseuse en marquisat, en faveur de François-Philippe Thomé. — Versailles, avril 1772; P. 23 décembre 1773.

THOREAU. l. p. p. anob. de Léonard Thoreau, pour ses services. — 1646.

THOREL. l. p. p. anob. de Jean Thorel, procureur général au parlement de Paris, pour services en sa charge. — 15 octobre 1550; expédiées le 6 septembre 1551.

THOREL. l. p. p. anob. de Jean Thorel, bourgeois de Rouen, frère du précédent, moyennant 50 écus d'or pour les pauvres de sa paroisse. — 15 octobre 1550; expédiées le 6 septembre 1551.

THOREL. l. p. p. anob. de Louis Thorel, médecin à Lyon, pour service pendant la peste. — 1596.

THORIGNY (de). l. p. p. confirmation du duché de Valentinois, en faveur du comte de Thorigny, qui sera dorénavant appelé Grimaldi.— Paris, décembre 1715; P. 5 septembre 1716.

THOU (de). l. p. p. érection de la terre et seigneurie de Meslay en comté, en faveur de M⁰ de Thou, président de la première chambre des enquêtes. — Paris, avril 1651; P. janvier 1652.

THOURAIN. l. p. p. anob. de Pierre Thourain, sieur de la Berangerie. — Versailles, décembre 1684; P. 12 juillet 1687.

THUBIERES DE GRIMOARD DE PESTEL DE LEVY (de). *Voir* Fubert.

THUGGE. l. p. p. anob. de Thomas-Ignace Thugge.—Paris, juillet 1721; P. 1er août 1722.

THURIN. l. p. p. anob. de Nicolas Thurin, du Perche, moyennant 250 livres. — 5 septembre 1671; expédiées le 20 novembre même année.

THURIN-BALAN (de). l. p. p. naturalisation à Jean Thurin-Balan.— Paris, novembre 1644; P. 29 décembre même année.

TIERCEVILLE (de). l. p. p. anob. de Jacques-Denis de Tierceville.— 1649.

TIEULDEBERT. l. p. p. anob. de David Tieuldebert, dit la Noue, de Nantes, moyennant 1000 livres. — 9 septembre 1571; expédiées le 4 janvier 1575.

TIGRE. l. p. p. anob. de François Tigre, commissaire provincial d'artillerie.— 1677.

TILLART DE PASSY. l. p. p. anob. de Claude-Auguste Tillart de Passy, sieur de Barzy.—Versailles, novembre 1702; P. 23 mars 1703.

TILLET. l. p. p. anob. de Jean Tillet, gendarme de la garde. — 1674.

TILLET. l. p. p. anob. de Mathieu Tillet. — Versailles, novembre 1771; P. 17 janvier 1772.

TILLET (du). l. p. p. anob. de Pierre du Tillet, licencié ès-lois. — 12 mars 1350; expédiées le 26 novembre même année.

TILLET (du). l. p. p. union des seigneuries de la Russière et Villeplate et érection d'icelles en châtellenie en faveur de Jean du Tillet.—Paris, septembre 1573; P. 14 janvier 1574.

TILLET (du). l. p. p. érection de la baronnie de Bussières en marquisat en faveur de Charles du Tillet. — Saint-Germain, novembre 1679; P. 13 avril 1680.

TILLETTE. l. p. p. anob. de François Tillette.— 1638.

TILLETTE. l. p. p. anob. de Charles-Honoré Tillette, sieur de Voiret. — Versailles, juin 1703; P. 2 juillet même année.

TILLY (de). l. p. p. érection de la seigneurie et châtellenie de Blaru en marquisat en faveur du sieur de Tilly.— Paris, mai 1659; P. 11 mars 1662.

TINGRY (de). l. p. p. érection du comté de Beaumont en duché héréditaire en faveur du prince de Tingry. — Versailles, 22 juin 1769; P. 17 juillet même année.

TIREL. l. p. p. anob. de Robert Tirel, de Nantes, moyennant 500 livres. — 12 février 1534; expédiées le 24 février même année.

TIREMOIS. l. p. p. anob. de Joseph Tiremois, sieur d'Abbeville, moyennant 200 livres. — 12 janvier 1595; expédiées le 6 décembre même année.

TIRET. l. p. p. anob. de Guillaume Tiret, sieur de Beauregard, capitaine de Caen. — 5 décembre 1655; expédiées le 12 décembre 1658.

TISSANDIER. l. p. p. anob. de Paul Tissandier, d'Orléans, pour services rendus au roi et à l'État. — 22 mai 1612; le 21 mai 1613.

TISSARD. l. p. p. anob. de François Tissard, de Caen, moyennant 200 écus d'or. — 11 septembre 1517; expédiées le 8 janvier 1518.

TIVEREL. l. p. p. anob. de Jean Tiverel, sieur de Bellerophon. — 1665.

TOBIN. l. p. p. maintenue de noblesse aux sieurs Jacques et Edmond Tobin, frères, irlandais. — Versailles, juin 1777; P. 3 août 1780.

TODIER DE LA BOURDINE. l. p. p. anob. de Louis Todier de la Bourdine. — Versailles, avril 1727; P. 8 mai 1728.

TOIGNET. l. p. p. anob. de Gérard Toignet, avocat à Sainte-Menehould, de Marguerite, de sa femme, et de sa postérité. — 1399.

TOISON. l. p. p. anob. de Louis Toison. — Fontainebleau, octobre 1698; P. 21 février 1699.

TOLOZIN. l. p. p. anob. de René Tolozin. — Arles, mars 1660; P. 23 août même année.

TONNAN (de). l. p. p. confirmation de noblesse à René-Godefroy de Tonnan. — Paris, mars 1718; P. 23 mai même année.

TONNELIER (le). *Voir* Le Tonnelier.

TOUCHET. l. p. p. anob. de Jean Touchet, sieur de la Chapelle-du-Clos. Marly, m.¹ 1707; P. 14 décembre même année.

T. II.

TOUL. l. p. p. anob. de Louis Toul, médecin à Lyon, moyennant 400 livres. — 20 octobre 1596; enregistrées le 4 octobre 1597.

TOUPIN. l. p. p. anob. de Pierre Toupin, bailli de Rouen. — 6 juillet 1588; expédiées le 14 janvier 1589.

TOUR (de la). *Voir* De la Tour.

TOURAINE. l. p. p. anob. de Pierre Touraine, moyennant une aumône.. — 1688.

TOURBES (de). l. p. p. anob. de Mathieu de Tourbes, d'Alençon, moyennant 100 écus d'or. — 4 janvier 1375; expédiées le 6 octobre même année.

TOURCHERON. l. p. p. anob. de Jean Tourcheron. — 1437; Fol. 98.

TOUREL. l. p. p. anob. de François Tourel, historiographe du roi. — 8 octobre 1362; expédiées le 2 décembre même année.

TOUREMONDE (de). l. p. p. anob. de Guillaume de Touremonde, de Saint-Malo, moyennant 158 livres. — 8 février 1390; expédiées le 15 mai même année.

TOURETTE. l. p. p. anob. de Raymond Tourette, de Villefranche, et de sa postérité. — 1397.

TOURMONT (de). l. p. p. anob. du sieur de Tourmont. — Fontainebleau, septembre 1679; P. 25 novembre même année.

TOURNEBŒUF. l. p. p. anob. de Pierre Tournebœuf, de Milly en Gâtinais. — 1371.

TOURNELLE (de la). *Voir* De la Tournelle.

TOURNEMIRE. l. p. p. anob. de Jean Tournemire, bourgeois de Montpellier, et de sa femme. — 1378. Fol. 183.

TOURNEROCHE. l. p. p. anob. de Jean Tourneroche, monnayeur à Rouen. — 11 octobre 1596; expédiées le 10 avril 1597.

TOURNEUR (le). *Voir* Le Tourneur.

6

TOURTON. L. P. p. anob. du sieur Tourton. — Versailles, janvier 1783; P. 31 juillet même année.

TOUVEREL DE BOUFFLERS. L. P. p. naturalisation à Edouard Touverel de Boufflers, natif de Majorque. — Versailles, juillet 1728; P. 24 juillet même année.

TRAJOUÉ (de). L. P. p. anob. de Maurice de Trajoué, de Bretagne, moyennant 500 livres. — 7 avril 1426; expédiées le 9 décembre même année.

TRANLON. L. P. p. anob. de Nicolas Tranlon et de sa postérité. — 1369. Fol. 65.

TRARS. L. P. p. anob. de François Trars, natif de Brabant. — 9 juillet 1580; expédiées le 11 août, et enregistrées le 21 janvier 1581.

TREMOUILLE (de la). Voir DE LA TREMOUILLE.

TRENOY. L. P. p. anob. de Pierre Trenoy. — Versailles, mai 1701; P. 17 juin même année.

TRENTE (de). L. P. p. naturalisation à dame Catherine-Olive de Trente, native de Londres, veuve de Frédéric-Jules de la Tour d'Auvergne. — Fontainebleau, novembre 1738; P. 29 novembre même année.

TREVES. L. P. p. union des fief, terres et châtellenies de Canault, chef-lieu, et de la seigneurie de Pellegrolle au comté de Trèves, en Anjou. — Versailles, décembre 1762; P. 28 juillet 1764.

TRIBOULET. L. P. p. anob. d'Adrien Triboulet, de Rouen, moyennant 100 écus d'or. — 6 mars 1513; expédiées le 4 décembre même année.

TRINCANO. L. P. p. anob. du sieur Trincano, ingénieur. — Versailles, avril 1785; P. 12 août même année.

TRIDON. L. P. p. anob. du sieur Tridon. — Versailles, mars 1706; P. 8 juin même année.

TRISTAN. L. P. p. anob. de Jean Tristan, gendarme. — Paris, septembre 1651; P. 23 avril 1661.

TRISTAN. L. P. p. anob. de Jean Tristan de Bordeaux, pour services maritimes. — 16 mai 1653; expédiées le 2 décembre même année.

TRISTAN. L. P. p. confirmation de noblesse à Louis Tristan. — 3 décembre 1668.

TRITON. L. P. p. anob. de Jean Triton, secrétaire du roi, et de sa postérité. — 1407.

TROCHON. L. P. p. anob. de J.-Laurent Trochon. — Versailles, décembre 1754; P. 31 janvier 1755.

TROISMONT (de). L. P. p. anob. de Thomas de Troismont, conseiller au présidial de Caen. — 7 avril 1608; expédiées le 12 décembre même année.

TRON (du). L. P. p. naturalisation de Pascal du Tron, natif du pays de Liége. — Versailles, septembre 1775; P. 7 décembre même année.

TRONCHAY (du). L. P. p. confirmation et nouvelle érection de la terre et seigneurie du Parc de Vaires en marquisat, en faveur de Louis du Tronchay. — Versailles, août 1684; P. 29 août 1685.

TRONCHET-D'HÉRICOURT (du). L. P. p. union de terre et érection du marquisat de Boulay, en faveur de Bénigne-Jérôme du Tronchet d'Héricourt. — Versailles, septembre 1748; P. 17 décembre 1749.

TRONCHIN DE WILH. L. P. p. naturalisation à Jean-Robert Tronchin de Wilh, né à Amsterdam. — Versailles, août 1777; P. 6 septembre même année.

TROPHINS-GERARD. L. P. p. permission à Trophins-Gérard de porter le nom de Trophins-Gérard de Trophins. — Versailles, juillet 1766; P. 12 juillet même année.

TROUSSEBOURG. L. P. p. anob. de Vincent Troussebourg. — 1353. Fol. 36.

TROUVEL (de). L. P. p. naturalisation et anob. de Jean-Ernest de Trouvel, natif de Westphalie. — Fontainebleau, août 1661; P. 6 septembre 1662.

TROYES DE BOIS ROGER (de). L. P. P. confirmation et en tant que besoin nouvel anob. de M. Guillaume de Troyes de Bois Roger. — Versailles, juin 1704; P. 11 juillet même année.

TRUFFIER. L. P. P. érection de la pairie de Villiers sur Antys en comté, en faveur de Jean Truffier. — Saint-Germain, 23 février 1679; P. 6 septembre 1684.

TRUON (le). *Voir* LE TRUON.

TULEU. L. P. P. anob. de Pierre Tuleu, de Martine, sa femme de libre condition, et de sa postérité. — 1396.

TURDON. L. P. P. anob. d'Etienne Turdon et de sa postérité. — 1402. Fol. 132.

TURMEL. L. P. P. anob. de Joseph-Antoine Turmel. — Versailles, avril 1746; P. 3 septembre même année.

TURPIN. L. P. P. anob. de Jean Turpin. — 1413.

TURPIN. L. P. P. anob. de Richard Turpin d'Assigny, et de Guillaume Turpin de la Vernade. — 1551.

TURPIN. L. P. P. anob. de Jean Turpin, sieur de la Croix. — 9 juillet 1595. Fol. 71; expédiées le 27 février 1596.

TURPIN. L. P. P. anob. de Charles Turpin, fils naturel de Charles d'Assigny. — 14 juillet 1610; C. des A. 15 juillet 1611.

TURPIN. L. P. P. anob. de Mathieu Turpin. — 1624.

TURREAU. L. P. P. anob. de François Turreau. — 1363.

U

URTE (de). L. P. P. anob. de Jean de Urte. — 1371. Fol. 115.

URTUS. L. P. P. anob. de Jean Urtus, de Bayeux. — 12 août 1669; expédiées le 31 décembre même année.

V

VACHE (la). *Voir* LA VACHE.

VACHEL. L. P. P. anob. de Jean Vachel. — 1513. Fol. 139.

VACHER (le). *Voir* LE VACHER.

VACHIER. L. P. P. anob. de Pierre-François Vachier. — 1674.

VACHOT (de). L. P. P. anob. de François de Vachot, de Blois. — 7 février 1654; expédiées le 24 février même année.

VACQUEREL DE LA BRICHE. L. P. P. anob. de Louis Vacquerel de la Briche. — Paris, janvier 1721; P. 1er septembre même année.

VACQUERIE (de la). *Voir* DE LA VACQUERIE.

VACQUIER. L. P. p. anob. de Pierre Vacquier, de Tréguier, moyennant 106 francs d'or. — 10 mars 1391; expédiées le 26 novembre même année.

VADICOURT (de). L. P. p. anob. du sieur de Vadicourt. — Versailles, avril 1786; P. 14 juillet même année.

VADIER (le). *Voir* LE VADIER.

VAILLANT. L. P. p. anob. de Jean Vaillant, bourgeois de Paris, moyennant 100 écus d'or. — 26 juin 1354; expédiées le 12 décembre même année.

VAILLANT. L. P. p. anob. de Jean-Baptiste Vaillant, barbier et valet de chambre du roi. — 14 juin 1374; expédiées le 8 avril 1375.

VAILLANT. L. P. p. anob. de Pierre Vaillant, d'Orléans, moyennant 300 livres. — 12 mars 1670; expédiées le 8 novembre même année.

VAILLANT. L. P. p. maintenue de noblesse du sieur Vaillant. — Versailles, mai 1784; P. 30 juillet même année.

VAILLANT DE LA PATURE. L. P. p. maintenue de noblesse de François Vaillant de la Pature. — 22 janvier 1753; P. 14 février même année.

VAILLANT (le). *Voir* LE VAILLANT.

VAIRON. L. P. p. anob. de Jean-Paul Vairon. — Versailles, mars 1708; P. 19 avril même année.

VAISNE (de). L. P. p. anob. de Jean de Vaisne. — Versailles, novembre 1776; P. 30 janvier 1777.

VAL (du). L. P. p. anob. de Jean du Val. — 17 avril 1424; expédiées le 23 décembre même année.

VAL (du). L. P. p. anob. de Guillaume du Val, seigneur de Vaugrigneur. — 27 mars 1584; enregistrées le 8 mai même année.

VAL (de la). *Voir* DE LA VAL.

VALABRAGUE (de). L. P. p. naturalisation à Israël de Valabrague, dit Vidal, natif d'Avignon. — Versailles septembre 1770; P. 15 janvier 1771.

VALENCEY (de). L. P. p. érection de la terre et châtellenie de Fienne en marquisat, en faveur du sieur de Valencey. — Saint-Germain-en-L., janvier 1643; P. 14 mars 1644.

VALENTIN. L. P. p. confirmation de noblesse à Jean Valentin, sieur d'Eguillon. — Marly, juillet 1713; P. 13 décembre même année.

VALENTINAY (de). L. P. p. union des châtellenies d'Ussé, Rivarenne et Bregemont en Touraine, en faveur de Louis de Valentinay. — Versailles, février 1687; P. 16 mai même année.

VALERE. L. P. p. anob. de Michel Valère, médecin ordinaire du roi. — 1573. Fol. 358.

VALETON. L. P. p. anob. d'Etienne Valeton, de Colette, sa femme et de sa postérité. — 1396.

VALETTE (de la). *Voir* DE LA VALETTE.

VALGOURAN (de). L. P. p. anob. de Guillaume de Valgouran, de Rennes, moyennant 450 livres. — 2 avril 1479; expédiées le 7 décembre même année.

VALLEE (de). L. P. p. anob. de Jean de Vallée, maître des comptes. — 8 novembre 1482; expédiées le 5 mars 1483.

VALLEE (de). L. P. p. érection de la terre et seigneurie de Champfleur en vicomté, en faveur du sieur de Vallée. Paris, février 1654; P. 7 juillet même année.

VALLEE (de la). *Voir* DELAVALLÉE.

VALLES (de). L. P. p. anob. de Jean de Valles, de Saint-Brieuc, moyennant 450 livres. — 14 juillet 1501; expédiées le 30 septembre même année.

VALLESTON. L. P. p. anob. de Nicolas Valleston, sieur de la Peylle, moyennant 1000 livres. — 18 juillet 1669.

VALLETTE (de la). *Voir* DE LA VALLETTE.

VALLIER. l. p. p. union des terres et seigneuries de Tibivillier, Percheuil, Saussaye et autres fiefs, et érection d'icelles en comté sous le nom de Saussaye, en faveur, de Guillaume Vallier. — Versailles, juillet 1698; P. 11 juillet 1726. — L. p. p. confirmation du titre de comté à la terre et seigneurie de Saussaye, en faveur de Guillaume Vallier. — Versailles, mai 1724; P. 15 juin 1726.

VALLIERE (de). Voir LA VALLIERE.

VALLOIS (le). Voir LE VALLOIS.

VALLON (de). l. p. p. anob. de Claude de Vallon, maréchal des logis de la maison du roi. — 6 juin 1609; C. des A. 28 janvier 1610.

VALLOT. l. p. p. anob. des sieurs Claude et Antoine Vallot, moyennant 450 livres. — 17 février 1665; expédiées le 4 décembre même année.

VALLOT. l. p. p. anob. d'Antoine Vallot. — Saint-Germain, mai 1668; P. 5 juin même année.

VALOIS. l. p. p. naturalisation de François Valois, natif d'Irlande. — Paris, mars 1651; P. 4 avril même année.

VALOIS (de). l. p. p. jussion pour l'enregistrement de celles du mois de janvier 1619, portant don à Charles de Valois, comte d'Auvergne, des duchés d'Angoulême et châtellenies de Cognac et Merpins et comté de Ponthieu. — Fontainebleau, 3 avril 1620; P. 13 avril même année.

VANDERETZ (de). l. p. p. anob. d'Odel de Vanderetz, de Rennes. — 7 mars 1383; expédiées le 30 octobre même année.

VANLOO. l. p. p. confirmation de noblesse et nouvel anob. de Louis-Michel Vanloo. — Fontainebleau, novembre 1747; P. 17 février 1748.

VANLOO. l. p. p. confirmation de noblesse à Ch.-André Vanloo. — Versailles, février 1750, P. 2 septembre même année.

VANNES (de). l. p. p. anob. de Gaucher de Vannes, de Poitiers. — 6 avril 1354; expédiées le 8 décembre même année.

VARBON. l. p. p. anob. de Jean Varbon. — 1667.

VARDES (de). l. p. p. anob. de Charles de Vardes, sieur de la Varende. — 12 novembre 1596; expédiées le 15 mars 1614.

VARENNE (de). l. p. p. anob. de Gauthier de Varenne, argentier et valet de chambre du roi. — 1354. Fol. 83.

VARENNES (de). l. p. p. confirmation de noblesse et nouvel anob. de Jean de Varennes. — Marly, septembre 1705; P. 19 février 1706.

VARICE. l. p. p. confirmation de noblesse à Pierre Varice, sieur du Châtelier. — Versailles, juin 1700; P. 27 juillet même année.

VARIE. l. p. p. anob. de Guillaume Varie, moyennant 260 livres. — 10 août 1448; expédiées le 9 janvier 1449.

VARIN. l. p. p. anob. de François Varin, bourgeois de Paris. — 6 juin 1653; expédiées le 19 décembre même année.

VARLET. l. p. p. anob. de Nicolas Varlet. — Marly, mai 1713; P. 8 juillet même année.

VASSAL. l. p. p. anob. de Michel-Nicolas Vassal. — Versailles, février 1698; P. 5 mai même année. — l. p. p. confirmation de noblesse à Michel-Nicolas Vassal. — Paris, 17 novembre 1716; P. 26 février 1717.

VASSE. l. p. p. anob. de Jean Vasse, de Rouen, et de sa femme. — 1431. Fol. 121.

VASSE DE PIETRA-MELIARS (de). l. p. p. naturalisation à Jean-Baptiste de Vassé de Pietra-Meliars, natif de Bologne en Italie. — Camp devant la Rochelle, août 1628; P. 25 janvier 1629.

VASSEUR (le). Voir LEVASSEUR.

VASSIN (de). l. p. p. anob. de Nicolas de Vassin, de Nantes, moyennant 200 livres. — 17 juillet 1389; expédiées le 12 février 1390.

VASSINS (de). L. P. p. anob. de Collard de Vassins, de Dieppe. — 1389.

VATERRE (de). L. P. p. anob. de Michel de Vaterre, conseiller, médecin ordinaire du roi. — 12 novembre 1573; expédiées le 22 novembre; enregistrées le 20 décembre 1574.

VATERRE (de). L. P. p. anob. de Jérôme de Vaterre, d'Alençon. — 12 mai 1670; expédiées le 20 mai 1671.

VAUCROIX. L. P. p. anob. de Jacques Vaucroix, bourgeois de Paris. — 6 août 1669; expédiées le 31 décembre même année.

VAUDEMONT (de). L. P. p. naturalisation à tous les enfants nés et à naitre du mariage du comte de Vaudemont avec N... de Salun, en quelques lieux qu'ils puissent naitre hors du royaume. — Paris, juin 1610; P. 17 février 1611.

VAUDESART (de). L. P. p. anob. de Jean de Vaudesart, de Nantes, moyennant 600 livres. — 18 août 1669.

VAUDETARD (de). L. P. p. anob. de Jean de Vaudetard et de sa postérité. — 1373.

VAUFLEURY (de). L. P. p. anob. d'Étienne de Vaufleury, d'Avranches. — 17 janvier 1629; expédiées le 30 décembre même année.

VAUJOURS DE CHATILLON. L. P. p. anob. de Charles-Michel Vaujours de Châtillon. — Versailles, décembre 1773; P. 17 mai 1774.

VAULTIER. L. P. p. anob. de Roger Vaultier, bourgeois de Paris, moyennant 280 livres. — 14 février 1457; expédiées le 27 novembre même année.

VAULX (des). Voir DES VAULX.

VAUMERLE. L. P. p. anob. de Jean Vaumerle, de Tréguier, moyennant 400 livres. — 7 avril 1625.

VAUQUELIN. L. P. p. anob. de Jean Vauquelin. — 1477. Fol. 60.

VAUSABLON (de). L. P. p. anob. de Rodolphe de Vausablon, et d'Edeline de Loudun, sa femme. — 1374. Fol. 144.

VAUX (de). L. P. p. anob. de Nicolas de Vaux, d'Angers, moyennant 250 livres. — 4 octobre 1490; expédiées le 6 avril 1491.

VAUX (de). L. P. p. anob. de Jacques de Vaux. — Versailles, février 1704; P. 27 février même année.

VAUX (des). Voir DES VAUX.

VAVASSEUR (le). Voir LE VAVASSEUR.

VAVIGNON. L. P. p. anob. de Christophe Vavignon, sieur de Putos, de Caen. — 3 mars 1586; expédiées le 28 juin 1588.

VAVRANS (de). L. P. p. anob. de Gilles de Vavrans et de Jacquette la Liaronne, sa femme. — 1377.

VAYEUR. L. P. p. anob. du sieur Vayeur. Versailles, mai 1780; P. 5 septembre même année.

VAYRE (de). L. P. p. anob. de Charles de Vayre, archiprêtre d'Aurillac. — 8 juin 1582; expédiées le 24 octobre même année.

VÉ (du). L. P. p. anob. de Thomas du Vé, du diocèse de Chartres. — 10 août 1669; expédiées le 31 décembre même année.

VÉANCE (de). L. P. p. anob. de Philippe de Véance, de Tours, moyennant 40 francs d'or. — 31 mai 1397; expédiées le 27 décembre même année.

VEIGNE (de). L. P. p. anob. de Jacques de Veigne. — 1643.

VEILLE (de la). Voir DE LA VEILLE.

VELAER. L. P. p. union de terres et érection d'icelles en comté, en faveur de Julien Velaer, sous le nom de Lude. — Marly, mai 1752; P. 3 août même année.

VELEINE. L. P. p. anob. de François-Pierre Veleine. — 1594. Fol. 66.

VELISE (de). L. P. p. anob. de Nicolas de Velise, de Langres. — 1378.

VENAIL. L. P. p. anob. de Simon Venail, de Saint-Denis, de libre condition. — 1413. Fol. 50.

VENDERETTE (de). l. p. p. anob. de Jean de Venderette, de Nantes, moyennant 100 écus d'or. — 6 novembre 1375; expédiées le 12 juillet 1376.

VENDEROLLES (de). l. p. p. anob. de Jacques de Venderolles et de Geneviève, sa femme. — 1375.

VENDEUR. l. p. p. anob. de Charles Vendeur de Bellebourg (Allemagne), et de sa postérité. — 1661.

VENTADOUR (de). l. p. p. érection de la terre et seigneurie de Sourville en baronnie, en faveur du duc de Ventadour. — Monceaux, août 1609; P. 24 mars 1610.

VÉRAC (de). l. p. p. anob. de Gaucher de Vérac, de Bordeaux, moyennant 140 écus d'or. — 12 mai 1367.

VÉRAN (de). l. p. p. anob. de Simon de Véran. — 1439.

VERDUE DE FROISSY (de). l. p. p. érection de la baronnie de Doullènes, en Poitou, en faveur d'Ives de Verdue de Froissy. — Versailles, juillet 1759; P. 3 août même année.

VERDUN (de). l. p. p. confirmation de noblesse de Pierre de Verdun. — 13 juin 1370.

VERGER (du). l. p. p. anob. de François du Verger, l'un des capitaines de la ville de Tours. — Tours, avril 1589; P. 8 août même année.

VERGNE (de la). *Voir* De la Vergne.

VERGNES (de la). *Voir* Délavergnes.

VERJUS. l. p. p. anob. de Simon Verjus, d'Avranches, moyennant 300 livres. — 6 août 1437; expédiées le 22 avril 1438.

VERLAN (de). l. p. p. anob. de Pierre de Verlan, de Bayeux, moyennant 40 écus d'or. — 16 novembre 1373.

VERNEUIL (de). l. p. p. érection du marquisat de Verneuil en duché-pairie, en faveur du marquis de Verneuil. — Saint-Denis, juillet 1652; P. 15 décembre 1663.

VERNEUL (de). l. p. p. anob. de Jean-Ernest de Verneul. — 1662.

VERNIN. l. p. p. anob. de Pierre Vernin, d'Orléans, moyennant 800 francs d'or. — 7 juillet 1408; expédiées le 12 février 1409.

VERNON. l. p. p. anob. de Barthélemy Vernon, de Rouen, moyennant 200 livres. — 16 octobre 1482; 4 mai 1483.

VERNON (de). l. p. p. anob. de Jean de Vernon, secrétaire du roi. — 17 mai 1374; expédiées le 30 décembre même année.

VERNON (de). l. p. p. anob. de Léonard de Vernon, sieur de Meguignes, et de sa postérité. — 1655.

VÉRON. l. p. p. maintenue de noblesse de Hyérome Véron. — Paris, mars 1722; P. 27 avril même année.

VERRIER. l. p. p. anob. de Nicolas Verrier, bourgeois de Paris, moyennant 400 livres. — 5 juillet 1477; expédiées le 3 janvier 1478.

VERRIER (le). *Voir* Le Verrier.

VERSEY (de). l. p. p. anob. de Jean de Versey, avocat du roi au parlement. — 8 novembre 1371; expédiées le 6 mars 1372.

VERSIGNEUL (de). l. p. p. anob. de Marie de Versigneul, veuve de Jean, et de sa postérité. — 1393. Fol. 34.

VERSURE. l. p. p. anob. de Jean-Laurent Versure. — 1701.

VERTHAMONT (de). l. p. p. érection de la terre et seigneurie de Bréan en baronnie, en faveur du sieur de Verthamont. — Saint-Germain-en-L., décembre 1642; P. 23 mai 1644. — l. p. p. érection de la terre et seigneurie de Manœuvre en baronnie, en faveur du sieur de Verthamont. — Paris, août 1643; P. 30 avril 1644. — l. p. p. érection de la terre et seigneurie de Manœuvre, près Meaux en marquisat, en faveur du sieur de Verthamont. — Paris, décembre 1653; P. 15 juin 1657.

VERTIN. l. p. p. anob. de Jean Vertin, sieur d'Argent, maître de requêtes. — 19 mars 1580; expédiées le 24 juin même année.

VERTON (de). L. P. p. anob. des sieurs de Verton. — Versailles, avril 1789; P. 5 mai même année.

VERULAN. L. P. p. anob. de Pierre Verulan, bachelier en droit, bourgeois d'Aurillac. — 1371.

VERY (de). L. P. p. anob. de Jean de Very, de Lisieux, moyennant 200 livres. — 7 août 1368; expédiées le 4 février 1369.

VESIN (de). L. P. p. anob. de Jacques de Vesin, sieur de Champagne.—1544. — L. P. p. confirmation de noblesse audit. — 1673.

VESINS D'ARBONNET (de). L. P. p. union des terres et seigneuries de Villemont, Sayet et autres, et érection d'icelles en marquisat, sous le nom de Villemont, en faveur de Gilbert-Henry-Amable de Vesins d'Arbonnet, seigneur de Villemont. — Paris, mai 1720; P. 14 juin 1722.

VETRONIL. L. P. p. anob. de Jean Vetronil, procureur du roi à Orbec. — 7 février 1653; expédiées le 23 janvier 1659.

VETUS. L. P. p. anob. de Jean Vetus, maître des requêtes, et de ses enfants nés et à naître en loyal mariage. — Paris, 1580; P. 2 décembre 1581.

VEXIAN (de). L. P. p. mandement pour l'enregistrement de celles du mois de février 1606 portant anob. du sieur de Vexian. — Paris, 21 décembre 1661; P. 21 janvier 1662.

VEYDEVER. L. P. p. anob. de Jean Veydever, de Rennes, moyennant 600 livres. — 17 avril 1661; expédiées le 16 décembre même année.

VEYRE (de). L. P. p. anob. des sieurs Guy, et Antoine de Veyre, frères. — 15 janvier 1582.

VEYSSARD. L. P. p. anob. de Joseph Veyssard. — Versailles, mai 1762; P. même année.

VEZEGNEUX (de). L. P. p. anob. de Luc de Vezegneux, de Saint-Malo, moyennant 500 livres. — 1er octobre 1669; expédiées le 6 mars 1670.

VEZELISES (de). L. P. p. anob. de Nicolas Vezelises, de Tréguier, moyennant 20 francs d'or.—4 décembre 1669; 6 mars 1670.

VEZIAN (de). L. P. p. anob. de Louis de Vezian, seigneur de Danville. — 12 février 1607; enregistrées le 1er avril 1608.

VEZIE (le). Voir LE VEZIÉ.

VEZIEU. (de). L. P. p. anob. de Jacques de Vezieu, sieur de Champagne. —Dijon, mars 1650; P. 21 juin même année. — L. P. p. confirmation de l'anob. de Jacques de Vezieu, sieur de Champagne et de Rouault. — Saint-Germain, septembre 1669; P. 23 mai 1673.

VEZIN (de). L. P. p. anob. de Jacques de Vezin, de Poitiers, moyennant 380 livres. — 17 août 1644; expédiées le 4 janvier 1645.

VEZOU (de). L. P. p. anob. du sieur de Vezou. — Saint-Germain, décembre 1675. P. 7 février 1676.

VEZURE. L. P. p. anob. de Jean-Laurent Vezure. — Versailles, avril 1701; P. 23 avril même année.

VIAU. L. P. p. anob. de Claude Viau.— 1656.

VIAU. L. P. p. anob. de Pierre de Clerey, de Nantes, moyennant 100 livres. — 4 avril 1669; expédiées le 28 décembre même année. — L. P. p. anob. des sieurs Jean et Sébastien Viau, frères du précédent, moyennant 100 livres. — 18 juillet 1669.

VIAUDIER (le). Voir LE VIAUDIER.

VIAULD. L. P. p. anob. d'Antoine Viauld, Sr de Laucaud, licencié ès-lois. — 6 mars 1578; expédiées le 29 avril et enregistrées le 30 mai même année.

VIC DE PONTGIBEAU (de). L. P. p. anob. de Gilbert de Vic de Pontgibeau. — Versailles, mars 1708; P. 4 mars 1709.

VICFORGES (de). L. P. p. anob. de Guillaume de Vicforges, premier valet de chambre du roi. — 1387. Fol. 225.

VICHY (de). L. P. p. érection de la terre et seigneurie de Champron en comté, en faveur de Gaspard de Vichy. Paris, décembre 1644; P. 3 décembre 1653.

VIDECOQ (de). L. P. p. anob. de Jean de Videcoq, sieur de Malleville, moyennant 400 livres. — 1er mai 1648 ; expédiées le 25 décembre 1653.

VIEIL. L. P. p. anob. de Nicolas Vieil, procureur du roi à Mantes. — 14 novembre 1588; enregistrées le 13 novembre 1593.

VIEILLARD (le). Voir LE VIEILLARD.

VIEILLBOURG (de). L. P. p. érection de la châtellenie de Mienne en marquisat, en faveur du sieur de Vieillbourg. — Paris, décembre 1661; P. 10 février 1666.

VIEL (le). Voir LE VIEL.

VIELLE (de la). Voir DELAVIELLE.

VIEN. L. P. p. anob. du sieur Vien, peintre. — Versailles, mars 1782 ; P. 19 avril même année.

VIENNE (de). L. P. p. érection de la terre et seigneurie de Lesmont en comté en faveur de Louis de Vienne, seigneur de Lesmont. — Versailles, septembre 1702; P. 23 juillet 1707.

VIENNES (de). L. P. p. érection en fief et inféodation de la seigneurie de Giraudot, en faveur du sieur de Viennes. — ... 1669.

VIEZIER (de). L. P. p. anob. de Jean de Viezier, d'Orléans, moyennant 420 livres. — 20 septembre 1669 ; expédiées le 12 février 1670.

VIGARANY L. P. p. maintenue et confirmation de noblesse à Charles Vigarany. — 7 mai 1688.

VIGIERS (de). L. P. p. anob. de Pierre de Vigiers. — 26 février 1667.

VIGNE (de la). Voir DELAVIGNE.

VIGNEROD (de). L. P. p. rétablissement de la terre et seigneurie d'Aiguillon, en faveur de dame Marie de Vignerod, veuve du sieur de Comballet.—Saint-Germain-en-Laye, janvier 1638.

VIGNEROD D'AIGUILLON. L. P. p. permission à Emmanuel-Armand Vignerod d'Aiguillon de continuer à porter les nom et armes de Duplessis-Richelieu. — Versailles, juin 1756; P. 7 septembre même année.

VIGNIER. L. P. p. anob. de Jean Vignier, bourgeois de Paris. — 13 avril 1408; expédiées le 22 décembre même année.

VIGNIER. L. P. p. anob. de Nicolas Vignier, médecin d'Orléans, moyennant 250 livres. — 17 mars 1595; enregistrées le 12 juin même année.

VIGNOLES (de). L. P. p. naturalisation du sieur de Vignoles. — Marly, mai 1781 ; P. 14 décembre même année.

VIGNOLLES. L. P. p. anob. d'Antoine Vignolles, dit La Hire, d'Orléans, moyennant 240 livres. -- 17 février 1447; expédiées le 14 décembre même année.

VIGNY (de). L. P. p. anob. à François de Vigny. — Angers, février 1570; P. 5 mai même année.

VIGNY (de). L. P. p. anob. de François-Joseph de Vigny, bourgeois de Paris, moyennant finance ordonnée par les commissaires. — 18 août 1670; expédiées le 9 décembre même année.

VIGNY (de). L. P. p. anob. de Jean-Baptiste de Vigny. — Versailles, octobre 1680; P. 7 février 1681.

VIGNY (de). L. P. p. union des terres et seigneuries de Montgazon, Villepayen et autres à la terre et seigneurie de Châteaufort, de Courquetaine, et érection d'icelles en marquisat sous le nom de Courquetaine, en faveur de Jacques-Olivier de Vigny. — Versailles, juillet 1722; P. 20 mars 1723.

VIGOR. L. P. p. anob. de Jean Vigor, sieur de la Malafosse, du Mans. — 12 juin 1653; expédiées le 6 décembre même année.

VILAINE (de la). Voir DE LA VILAINE.

VILLA (de). L. P. p. naturalisation du marquis de Villa, natif de Savoie. — Paris, 6 mai 1648; P. 31 août 1649.

VILLAIN (le). *Voir* LE VILLAIN.

VILLAINE. L. P. p. anob. de Nicolas-Joseph Villaine, de Nantes, moyennant 1000 livres. — 4 août 1669; expédiées le 30 décembre même année.

VILLANDRY. L. P. p. changement du nom du marquisat du Colombiers en celui de Villandry, en faveur du sieur de Villandry. — Abbeville, juillet 1639; P. 3 août même année.

VILLARS (de). L. P. p. anob. de Robinet de Villars.—18 décembre 1355; enregistrées le 22 juin 1356.

VILLARS (de). L. P. p. réhabilitation de Pierre de Villars. — 1373.

VILLARS (de). L. P. p. anob. de Hugues de Villars, de Saint-Quentin, de sa femme et de ses enfants. — 1395. Fol. 67.

VILLARS (de). L. P. p. anob. de Claude de Villars, capitaine châtelain de Condrieux. — 16 janvier 1586; expédiées le 20 février, et enregistrées le 5 mars même année.

VILLARS (de). L. P. p. érection du duché de Villars en pairie. — Versailles, septembre 1705; P. 5 septembre même année. — L. P. p. confirmation de l'érection de la terre et seigneurie de Martigues et autres en principauté, en faveur de Louis-Hector, duc de Villars. — Marly, juillet 1715; P. 11 juin 1725. — L. P. p. permission à Louis-Hector, duc de Villars, d'accepter la grandesse d'Espagne de première classe. — Versailles, janvier 1725; P. 25 juin même année. — L. P. p. translation du titre et dignité de duché-pairie de Praslin, sur celui de Villars. — Versailles, août 1764; P. 31 août même année. — L. P. p. union de terres et seigneuries au marquisat de la Nolle, et translation sur iceux des nom titre et dignité de duché-pairie de Villars.—Versailles, août 1764; P. 31 août même année.

VILLE (de). L. P. p. naturalisation à Arnold de Ville, natif de Liège. — Versailles, mai 1692; P. 29 mai même année.

VILLE (de la). *Voir* DELAVILLE.

VILLEBRESME (de). L. P. p. anob. de Jean de Villebresme, notaire et secrétaire du roi. — 1408.

VILLEBRUNE (de). L. P. p. de Jean de Villebrune, secrétaire du roi, moyennant 100 florins d'or. — 11 mars 1408; expédiées le 27 décembre même année.

VILLEBRUNE (de). L. P. p. anob. de Mathieu de Villebrune. — 1465. Fol. 155.

VILLEDEUIL (de). L. P. p. érection de la terre de Villemenou en marquisat, en fav. du sieur Laurent de Villedeuil. — Versailles, mars 1789; P. 6 avril même année.

VILLEMANS (de). L. P. p. érection de la terre de Villemans en marquisat, en faveur du sieur de Villemans. — Versailles, octobre 1761; P. 14 juin 1762.

VILLEMONTÉE (de). L. P. p. érection de la terre et seigneurie de Montaiguillon en marquisat, en faveur de François de Villemontée. — Compiègne, juillet 1649; P. 7 septembre même année.

VILLEMOT. L. P. p. naturalisation à Joseph Villemot, natif de Dinan. — Compiègne, juillet 1751; P. 19 août même année.

VILLENS DE BRUANDE (de). L. P. p. anob. de Joseph-Bonaventure de Villens de Bruande. — Versailles, mars 1743; P. 28 juin même année.

VILLEPIAT (de). L. P. p. légitimation et anob. de Jeannette de Villepiat, fille naturelle de Pierre de Cashière, et femme de Renard Frelon, avec sa postérité. — 1391.

VILLEQUIER (de). *Voir* DURFORT (de).

VILLETTE. L. P. p. anob. de Nicolas Villette, d'Orléans, moyennant 350 livres. — 19 juillet 1519; expédiées le 31 décembre même année.

VILLETTE. L. P. p. anob. de Hyacinthe Villette, de Saint-Brieuc, moyennant finance. — 8 mars 1670.

VILLETTE (de). L. P. P. érection de la terre et seigneurie du Plessis-Villette en marquisat, en faveur de Pierre-Charles de Villette.—Versailles, mars 1763; P. 13 juin même année.

VILLETTE (de la). *Voir* DE LA VILLETTE.

VILLIERS (de). L. P. P. anob. de Louis de Villiers, sieur de Signeville.—Saint-Germain, décembre 1674: P. 27 mai 1675.

VIMONT. L. P. P. anob. de Philippe Vimont, de Chartres, moyennant 132 francs d'or. — 6 septembre 1391.

VIMONT. L. P. P. anob. de Robert Vimont, de Jeanne, sa femme, et de sa postérité. — 1393. Fol. 57.

VIMONT. L. P. P. anob. de Jean Vimont, secrétaire du roi. — 5 janvier 1584; expédiées le 10 mai 1586.

VINAL (de). L. P. P. anob. de Gilles de Vinal, de Guillemette, sa femme, de libre condition, de Paris, et de leur postérité. — 1389. Fol. 45.

VINAY. L. P. P. naturalisation à Pierre-Jacques Vinay.—Paris, janvier 1718; P. 26 février même année.

VINCE. L. P. P. anob. de Claude Vince, de Saint-Malo, moyennant 400 livres. — 12 septembre 1561; expédiées le 28 décembre même année.

VINCE (de). L. P. P. anob. de Gabriel de Vince, sieur d'Aubigny, conseiller du roi. — 8 janvier 1568; expédiées le 6 avril 1569; enregistrées le 3 mai même année.

VINCENDIÈRE (de la). *Voir* DE LA VINCENDIÈRE.

VINCENT. L. P. P. anob. de Claude Vincent, bourgeois de Paris. — 18 mai mai 1647; expédiées le 28 novembre même année.

VINCENT. L. P. P. anob. de Nicolas Vincent, bourgeois de Paris, moyennant 450 livres. — 27 mars 1649; expédiées le 16 décembre même année.

VINCENT. L. P. P. anob. de Pontus Vincent, sieur de la Seigneurie, en Normandie, moyennant 1000 livres.

— 12 décembre 1576; expédiées le 7 janvier 1577.

VINCENT. L. P. P. réhabilitation de Claude Vincent. — 29 mars 1667.

VINCENTINI. L. P. P. naturalisation de Thomas-Antoine Vincentini et de ses enfants, nés et à naître. — Versailles, février 1724; P. 13 juin même année.

VINOT. L. P. P. anob. de Gilles Vinot, de Poitiers, moyennant 600 livres. — 14 juin 1392; expédiées le 29 décembre même année.

VIOLE. L. P. P. érection de la terre et seigneurie du Chemin en châtellenie, en faveur du sieur Viole, président aux enquêtes. — Paris, juin 1648; P. 13 juillet même année.

VIOLLE. L. P. P. mandement pour l'enregistrement de celles du mois de mai 1624, portant érection des terres et seigneuries de Longjumeau, Cheilly, etc. en marquisat, en faveur du sieur sieur Claude Viole.—Paris, décembre 1625; P. 28 février 1626. *Voir* RUZÉ D'EFFIAT.

VIQUIER. L. P. P. anob. de Jean Viquier et de sa femme.—1418. Fol. 87.

VIRGEUR (le). *Voir* LE VIRGEUR.

VIRMINI. L. P. P. anob. de Pierre Virmini, de Saint-Germain-en-Forez, et de sa postérité. — 1408.

VISLANTIN (de). L. P. P. anob. de Guillaume de Vislantin. — 1441.

VISSAC (de). L. P. P. anob. du chevalier de Vissac.—Versailles, décembre 1784; P. 2 janvier 1786.

VISSIER (de). L. P. P. anob. de Samuel de Vissier. — 1615.

VITAL. L. P. P. anob. de Jean Vital, d'Evreux, moyennant 132 livres. — 12 mars 1391; expédiées le 7 décembre même année.

VITALIS. L. P. P. anob. de Louis Vitalis. de Carcassonne. — 12 mai 1350; expédiées le 6 octobre même année.

VITARD. L. P. P. anob. de Claude-Auguste Vitard. — 1703.

VITOSSE. l. p. p. naturalisation à François-Constantin Vitosse, natif de Rome. — Versailles 13 février 1745; P. 10 mars 1746.

VIVIEN. l. p. p. anob. de Gauthier Vivien, conseiller au présidial de Poitiers. — 20 janvier 1374; expédiées le 26 novembre même année.

VIVIER (du). l. p. p. anob. de Jean du Vivier, de Nantes, moyennant 40 fr. d'or. 4 mai 1396.

VIVIER. (du). l. p. p. anob. de Charles du Vivier, seigneur de Boisléger, exempt des gardes du corps. — 17 novembre 1593; enregistrées le 1er avril 1594.

VIVONNE (de). l. p. p. érection de la terre et seigneurie d'Aytre en châtellenie, en faveur du sieur de Vivonne. — Paris, novembre 1654; P. 12 mai 1655.

VLOUGHELS. l. p. p. anob. de Nicolas Vloughels. — Versaill. juillet 1726; P. 30 mai 1727.

VOGUAIN. l. p. p. anob. de Christophe Voguain, sieur des Vallées, de Nantes. — 3 juillet 1659; expédiées le 8 décembre même année.

VOISIN (de). l. p. p. anob. de Jean de Voisin, bourgeois de Paris. — 16 septembre 1387; expédiées en 1388.

VOLAINES (de). l. p. p. anob. d'Evrard de Volaines, de Montauban, moyennant 40 francs d'or. — 20 février 1402: expédiées le 27 novembre même année.

VOLLUYRES DE RUFFEE. l. p. p. érection de la terre et seigneurie de Ruffée, en Angoumois, en marquisat en faveur de la veuve et des enfants de Philippe de Volluyres de Ruffée. — Paris, janvier 1588; P. 16 mai 1651.

VOULDY (de). l. p. p. union de terre et seigneuries à celle de Vouldy et érection d'icelle en baronnie, en faveur de François de Vouldy. — Saint-Germain, décembre 1669; P. 3 juin 1670.

VOULONNE. l. p. p. déclaration de naturalisation à Pierre-Antoine Voulonne, natif d'Alicante. — Versailles, 29 avril 1767; P. 3 mai même année.

VOUZY. l. p. p. anob. d'Antoine Vouzy, d'Angers, moyennant 240 livres. — 20 septembre 1669.

VOYER D'ARGENSON (de). l. p. p. érection de la châtellenie de Moussé en vicomté, en faveur de Pierre de Voyer, vicomte d'Argenson. — Saint-Germain, février 1680; P. 7 juin même année.

VOYER DE PAULMY D'ARGENSON (de). l. p. p. union de la terre de Draché et autres à celle d'Argenson, et érection d'icelles en marquisat, en faveur de Marie-René de Voyer de Paulmy d'Argenson. — Versailles, janvier 1700; P. 3 février même année.

VOYER DE PAULMY D'ARGENSON (de). l. p. p. union des terres et seigneuries de Veuil, Villautrois et Lyé, et érection d'icelles en comté sous le nom de Veuil-Argenson, en faveur de Marc-Pierre de Voyer de Paulmy. — Marly, janvier 1726; P. 19 juillet même année. — l. p. p. réunion des baronnies de Marmandes, des Ormes-Saint-Martin, terres, fiefs et seigneuries du Pris-Grouet et autres, et érection d'icelles en baronnie sous le nom de Marmandes, en faveur de Marc-Pierre de Voyer de Paulmy d'Argenson. — Fontainebleau, septembre 1732; P. 14 juin 1735.

VOYER (le). Voir Le Voyer.

VREVIN. l. p. p. confirmation de noblesse à Louis-Antoine-Félix et Michel Vrevin. — Paris, janvier 1669; P. 7 juin 1674.

VRIEL DE LEVILLE. l. p. p. anob. de sieur Vriel de Leville. — Paris, juin 1653; P. 23 juin 1653.

VRILLIERE (de la). Voir De la Vrillière.

W

WALET. l. p. p. anob. de Colard Walet, d'Avranches. — 12 août 1669; expédiées le 31 décembre même année.

WALLE. l. p. p. reconnaissance de maintenue en possession d'ancienne extraction à Balthazar-François Walle, sieur d'Ameaulle. — Versailles, 12 mai 1747; P. 6 juillet même année.

WALLEN (de). l. p. p. naturalisation à Frédéric de Wallen, natif de Stockholm. — Versailles, mai 1759; P. 11 juin même année.

WALLER. l. p. p. naturalisation à Georges Waller, natif du comté de Corck. — Camp sous Tournay, juin 1745; P. 17 août même année.

WALON. l. p. p. anob. de Robert Walon, de Saint-Malo, moyennant 100 écus d'or. — 16 août 1377; expédiées le 18 décembre même année.

WALSH. l. p. p. union de terres et érection de la terre de Serrant en comté, en faveur de François-Jacques Walsh. — Versailles, mars 1755; P. 16 juillet même année.

WAREL. l. p. p. anob. de Paul Warel. — Versailles, juin 1735; P. 23 août 1743.

WILHES. l. p. p. reconnaissance de noblesse au sieur André - Jacques Wilhes. — Versailles, juin 1776; P. 24 novembre même année.

WILLART (de). l. p. p. anob. de Hugues de Willart, de Saint-Malo, moyennant 204 livres. — 15 juillet 1395; expédiées le 26 mai 1396.

WILMENGEN (de). l. p. p. anob. de Guillaume de Wilmengen, de Saint-Malo, moyennant 40 francs d'or. — o juin 1427; expédiées le 5 mars 1428.

WOUTFE. l. p. p. naturalisation à Georges Woutfe, natif de Corck. — Fontainebleau, octobre 1746; P. 26 novembre même année.

X

XAINTELAN. l. p. p. anob. de Joachim Xaintelan, de la Rochelle. — 14 juilllet 1650; expédiées le 26 novembre même année.

Y

YLLES (de). L. P. p. anob. de Jean de Ylles, seigneur de Ravenauville, pour services. — 6 décembre 1543; expédiées le 18 décembre même année.

YVALLES. L. P. p. anob. de Pierre Yvalles, sieur de Boishamon.—6 mars 1400; expédiées le 4 décembre même année.

YVELIN. L. P. p. anob. des sieurs Henri, Pierre et Georges Yvelin, frères, de Normandie, moyennant 400 livres chacun. — 18 février 1534; expédiées le 12 décembre même année.

Z

ZAYFREET. L. P. p. naturalisation à Antoine-François Zayfreet, natif de Cracovie. — Versailles, mars 1735; P. 10 juin 1739.

ZOUCHE (de). L. P. p. confirmation de noblesse et en tant que besoin nouvel anoblissement de Pierre de Zouche, sieur de La Lande. — Versailles, septembre 1700; P. 8 mars 1708.

ZUIRIT. L. P. p. anob. de Jean Zuirit, de Brest, pour services maritimes. — 16 vril 1525; expédiées à la C. des C. le 20 décembre même année.

FIN.

Paris. — Imprimé chez J. Bonaventure, quai des Grands-Augustins, 55.

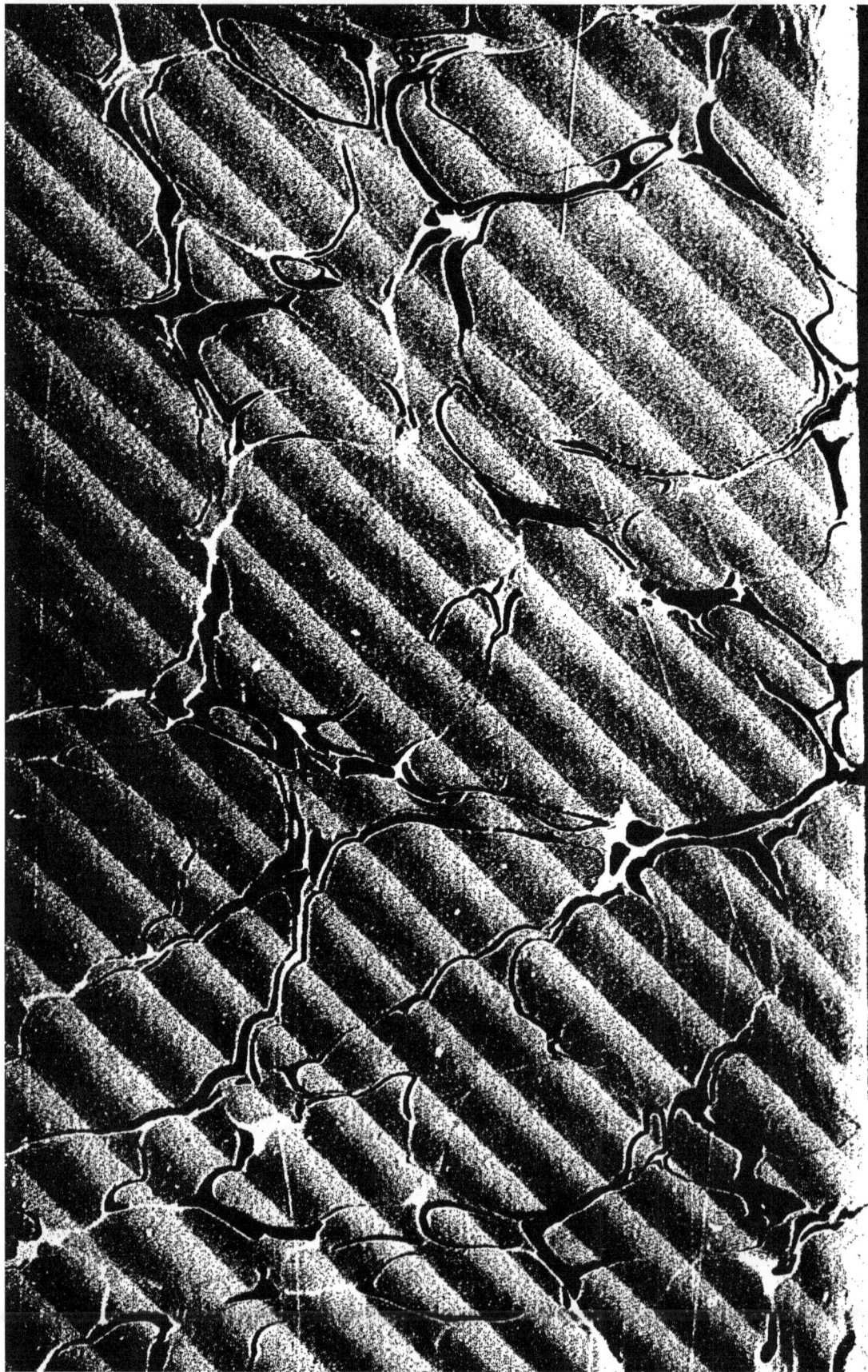

www.ingramcontent.com/pod-product-compliance
Lightning Source LLC
Chambersburg PA
CBHW070020110426
42741CB00034B/2267